J'AI QUITTÉ LE PARTI, POUR DIEU

Lucien Barnier

J'AI QUITTÉ LE PARTI, POUR DIEU

Fayard

CHAPITRE PREMIER

J'ai quitté le parti, pour Dieu

Quelle rage m'a soudain empoigné, lorsque j'ai vu mes bandes magnétiques, mon passeport, mes notes de reportage : tout cela étalé sur le comptoir de bois marron de l'aéroport de Moscou.

Par la baie de la salle d'attente, j'apercevais le TU-104 de l'Aéroflot, en instance de départ pour Paris. Vivement que je sois à bord de cet avion, que je fuie ce pays. Un pays que j'ai pourtant aimé avec passion. Cet homme drapé de gris, orné de soutaches rouges, que me veut-il ? Pourquoi a-t-il souhaité voir ce que contiennent mes valises ? Brimade ? Je ne le crois guère. Exécution d'un ordre qui cherche à me faire sortir de mon calme : c'est vraisemblable.

Milicien, douanier, militaire du contre-espionnage ? Je ne sais quelle est la fonction de cet homme méthodique, froid, insensible à mes protestations. Il est apparemment satisfait de me voir perdre ainsi ma réserve. J'ai envie de créer un scandale. A quoi bon, ils savent aussi bien que moi que nous nous voyons pour la dernière fois, et que je suis désormais un adversaire du système soviétique. Un adversaire de cœur, s'entend. C'est là en effet que j'ai mal.

Vingt-quatre années de ma vie offertes à ce combat communiste, pour finir là, dans cette matinée d'avril 1961 !

Voilà cinq ans et demi, j'arrivais ici même, à l'aéroport de Vnoukovo, pour la première fois. C'était au début d'une nuit de novembre 1956, débarquant du Super-Constellation de Paris. J'avais alors traversé cette même salle de l'aéroport de Vnoukovo, aisément émerveillé par tout ce que mes yeux découvraient de ce monde si cher à mon cœur de communiste de longue date.

La camarade Valéria Troïtskaïa, personnage important de la science soviétique, m'attendait au bout de ce couloir, le couloir réservé aux invités officiels. Elle était accompagnée du camarade Toptchiev, numéro deux de l'académie des Sciences de l'U.R.S.S.

Je me rappelle : tout de suite à droite de la porte du hall de l'aérogare, une grosse voiture noire, une *Ziss,* sans doute, nous attendait. Char cossu, tout rehaussé de chromes. La traversée de Moscou, que j'avais si souvent imaginée, était encore plus belle que dans mes rêves. Le Kremlin, des parcs, des alignements de lampadaires à globes, des rues, des gens, des vitrines aux dimensions réduites, des feux de circulation, des rues très larges. Partout de la neige. Moscou ! Quelle joie !

Mais oui, c'est bien le son du carillon du Kremlin. Je le connais mieux que les cloches du petit village bourbonnais de ma jeunesse. Il m'est arrivé sur les ondes, presque tous les soirs, depuis vingt-quatre ans. Pendant la dure campagne électorale du

Front Populaire de 1936, au cours de la guerre, dans le village d'Heillecourt, où j'attendais mon affectation à l'un des secteurs fortifiés de la ligne Maginot, ou des Alpes-Maritimes, ou bien encore à Alger durant les préparatifs du débarquement de 1944. Ce carillon du Kremlin, c'est le clairon qui depuis des années stimule tous les communistes du monde, et leur rappelle qu'ils ont une patrie, une « terre sainte ».

Me voici donc vraiment sur ce sol mythique. *Hôtel Leningradskaïa,* chambre avec téléphone, salle de bains, récepteur de radio. Très bas, en dessous de moi, une place, et la gare de Léningrad.

Oui, je le dis franchement : mon premier séjour en Union soviétique m'a enthousiasmé. J'avais d'ailleurs envie d'être ainsi séduit, c'est certain. Mais rien de ce que j'ai découvert au cours de ce premier contact ne m'a réellement choqué. J'ai vécu des moments extraordinaires, dans des cadres tout à fait inattendus et exceptionnels, comme ce fut le cas en Arctique central, ou au centre de physique nucléaire de Doubna.

Parmi les 2 500 géophysiciens de la base arctique de Dikson, je me suis senti de plain-pied avec ces hommes. Le froid intense de la péninsule de Taïmyr, la solitude infinie de la Terre-François-Joseph, de l'île Sterlegova, le merveilleux silence du ciel arctique presque toujours flamboyant d'étranges incendies : toutes ces sensations nouvelles s'associent à mes émotions de découvreur. Découvreur de techniques audacieuses qui s'exprimeront dix mois plus tard, sous l'aspect stupéfiant du premier spoutnik. Découvreur du monde communiste au-delà même des frontières géographiques et humaines du vieux continent. N'est-ce pas au fond dans l'arctique central que j'ai le mieux perçu la grandeur de l'envolée communiste russe ? Certes, j'avais bien noté l'austérité de la vie quotidienne du Soviétique ; elle m'apparaissait admirable. La sévérité des lois et des usages ? J'étais d'accord. Tout me plaisait, dans le système soviétique, parce que tout entrait dans mon schéma, tel que je l'avais maintes fois dessiné, au cours de mes méditations. Je souhaitais d'avance trouver exactement ce que j'ai découvert.

Ce qui m'étonne le plus aujourd'hui, c'est que j'aie pu me métamorphoser à ce point, et devenir aussi éperdument épris d'une civilisation si différente de la mienne. J'étais heureux, vengé des injustices et dommages, dont j'avais souffert à cause de mon engagement communiste. Ici, au moins, personne ne songeait à m'agresser.

On comprendra donc que je me sois lancé dans ce touchant panégyrique de la science russe qu'est mon livre publié en 1958 : *A quoi rêvent les savants soviétiques,* et qui obtint un assez joli succès mondial, étant édité dans tous les grands pays du globe.

Pourtant, au moment même où, six mois plus tard, j'offrais un exemplaire de cet ouvrage au camarade Toptchiev, et à l'académicien Blagonravov qui était à l'époque le véritable patron de l'astronautique soviétique, je ressentais déjà en moi les premiers symptômes de mon mal.

Ma « douleur soviétique » s'installait fermement.

Le plus extraordinaire fut que je ne me rendis compte de rien, sur-le-champ. Pas de haut-le-corps, pas de crispation. A peine, certainement, un muscle subalterne qui tressaille, quelque part, sur le visage. Les déconvenues ne m'ont sauté aux yeux que plus tard, bien plus tard, lorsque je les ai reliées entre elles. Une à une, elles m'ont toutes paru acceptables. C'est leur addition qui se révéla intolérable.

Quelles furent ces déconvenues ? Je ne les ai pas toutes gardées en mémoire ; seules les plus significatives étayent aujourd'hui ma critique politique de la société soviétique, et par conséquent de l'ordre communiste.

Un après-midi, mon accompagnateur désigné par l'académie des Sciences m'emmène au *Goum,* l'un des tout premiers grands magasins de Moscou. Une imitation du « Printemps » des années 1940, avec des rayons de la Manufacture de Saint-Etienne. Les appareils photographiques me tentent tout particulièrement. Je n'en possède pas. A regret, donc, je quitte ce rayon, que je me promets de visiter de nouveau. Que se passe-t-il ? Une jeune femme, près de la caissière est en larmes. Mon accompagnateur Edouard Krassavine a envie d'allonger le pas ; mais, cette jeune femme qui pleure ainsi publiquement m'intrigue. Je m'arrête, et écoute ce qu'elle dit à la caissière dont le visage reste obstinément fermé et revêche. Je comprends que la jeune femme en pleurs supplie qu'on lui permette de travailler ici. Elle arrive de Kiev, sans autorisation de séjour à Moscou. Si elle ne trouve pas d'emploi, elle ne pourra loger nulle part.

Les gens tendent une oreille qui se voudrait distraite ; il n'est pas bon de se mêler de ce qui ne vous regarde pas directement. Pourquoi pleure-t-elle ? demandais-je à Edouard Krassavine. Très rapidement, ce cher Edouard trouva le mensonge convenable : « Elle a perdu son portefeuille, et elle n'a plus d'argent. »

Cher menteur, pourquoi m'avoir raconté cela ? J'en déduisis évidemment qu'il n'était pas spécialement fier de ce qui venait de se passer, ainsi, sous nos yeux. Mon attention avait été aiguillonnée par cet incident qui prit bientôt l'aspect encombrant d'une tare. C'était bien une tare. Je l'ai constaté des centaines de fois par la suite. La tare d'une immense pauvreté pleine de détresse. Des pauvres, j'en ai vu des multitudes en Russie, à chacun de mes séjours. Même des pauvres qui mangeaient, sur les bancs des jardins publics, des reliefs de noces du restaurant *Praga,* place de l'Arbat. Des pauvres qui couchaient sur le ciment de la gare de Léningrad, alors que Moscou n'en pouvait plus de gel et de neige. La pauvreté soviétique, elle est sans aucun espoir. Il n'y a pas la moindre espérance pour ces pauvres, pas même celle de pouvoir en remontrer aux puissants du gouvernement, en adhérant au parti communiste. Seuls les pauvres de l'Occident possèdent éventuellement le privilège de recourir à un tel défi brandi sous le nez de leurs riches.

Avenue Lénine (*Prospect Lenine,* en russe) : je suis chez le professeur Avsiouk, un glaciologue de haute réputation. J'y rencontre le paléontologue

Orlov, dont le français « grand siècle » m'étonne quelque peu. C'est le français qui était jadis enseigné par les précepteurs de Saint-Pétersbourg. Les syllabes qui traînent, se distillent, comme en une éternelle leçon de diction théâtrale. Homme au visage bon et doux, le professeur Orlov s'amuse du vif intérêt que je manifeste, à l'égard des sauriens du Secondaire. Il me raconte cette extraordinaire histoire des squelettes de dinosaures, mystérieusement accumulés près d'Oulan Bator, le long de l'ancienne « route de la soie ». On croirait que ces animaux, pour des raisons inconnues, sont venus tous mourir au même endroit. Comme si un même mal les avait collectivement frappés au même moment, en ce même lieu.

Au plus fort de mon ébahissement, j'entends un vagissement de petit enfant. « Tiens ! un bébé ? » dis-je. Le professeur Orlov change brusquement de visage. Une sorte de détresse envahit ses yeux. Pourquoi ? Je me tais, soupçonnant l'irruption du drame. Le drame, c'est que ce savant, dont la réputation de paléontologue déborde les frontières de l'U.R.S.S., et qui est l'un des rares privilégiés à posséder un grand appartement de fonction, dans toute l'Union soviétique, doit héberger toute une tribu d'enfants et de petits-enfants dépourvus de logement. Il a soudain honte que je découvre ainsi la réelle misère de son peuple. Il sait, lui, comment vivent ses collègues français, pour avoir été reçu à plusieurs reprises par des professeurs de la Sorbonne et du Collège de France.

Le malheureux hasard a donc fait que le petit enfant se soit mis à crier, et m'ait ainsi révélé la détresse de cet homme infiniment pudique. De ces pudeurs de pauvre, j'en ai involontairement révélé bien d'autres : celle de Zinaïda, l'administratrice du buffet de l'*Hôtel Sovietskaïa* qui n'a jamais osé m'inviter dans sa famille habitant un pauvre galetas. La pudeur aussi de ce confrère journaliste scientifique vivant dans un couloir, entre deux pièces occupées chacune par une famille. La pudeur de Valéria Troïtskaïa qui ne m'a pas convié dans sa demeure fort humble, où pesait la tristesse de la solitude.

Parce que je connais bien ces êtres, je comprends leur humiliation, l'humiliation de ne pouvoir rendre la pareille aux amis occidentaux qui eux ne souffrent pas de ces complexes, et surtout ne se croient pas obligés d'identifier leurs tourments personnels avec la réputation de leur pays.

Ma douleur soviétique est donc partie de détails navrants, concernant des personnes et des familles. C'est à hauteur du regard que j'ai vu les premières fissures. Malheureusement, l'envie m'est venue de perfectionner mes observations. Jour après jour, année après année, le film des coulisses soviétiques déroule devant moi ses séquences attristantes. A Léningrad, j'étais admis à visiter le brise-glace *Lénine,* en construction aux chantiers navals André Marty. Reportage fascinant, découvrant des techniques hautement évoluées, et une organisation hors pair.

L'homme qui régit cette énorme entreprise s'appelle Klopotov. Le camarade Klopotov, vrai marin de la Baltique, ce qui signifie une appartenance à l'aristocratie des aristocraties. J'ai donc passé trois heures sur le chantier du *Lénine,* m'extasiant devant les centrales de soudures électriques qui préparent le logement du réacteur atomique. J'imagine le bulldozzer des banquises arctiques, là-haut, à Dikson, où les glaces ont hissé les bateaux à la hauteur des troisièmes étages des maisons de bois du port. L'imagerie d'épinal du système soviétique a depuis plusieurs mois déjà diffusé dans le grand public la silhouette altière du *Lénine* glissant dans la nuit polaire remplie d'étoiles et d'aurores. Les hublots éclairés se reflètent sur les hummocks de glace, que le soc d'acier du brise-glace rejette sur les côtés.

Le camarade Klopotov s'assied devant son bureau. Il saisit le microphone placé à sa droite. « *Tovarichtchi... Dobreï dègne... Ia otchegne rad cévodnia...* » Le camarade Klopotov dit n'importe quoi. Il est content de me montrer que, de son bureau, il tient bien en main les leviers et les hommes de son entreprise. Choquante, cette liaison micro-haut-parleurs qui unit un homme gardant les pieds au chaud, et les pauvres gars qui soufflent un brouillard au moindre geste. Aucun patron capitaliste de l'Occident n'oserait se permettre d'interpeller ainsi ses ouvriers. Ici, les syndicats trouvent normal que le camarade responsable se donne ces airs de caïd. Tout comme ils trouvent normal que les buffets d'accueil des chantiers « André Marty » croulent de fruits frais, d'alcools divers, et de pâtisseries.

Ivre, mais conscient que quelque chose ne tourne pas rond, je rejoins l'*Hôtel Lutétia* que connaissent tous les touristes de passage à Léningrad. Cette fois, me voici en train de réfléchir à quelque chose qui dépasse les déconvenues personnelles qui m'ont simplement choqué.

J'ai découvert la mécanique de l'autorité soviétique. Au poste de pilotage : un capitaine, seul maître après le chef suprême du Parti, et qui détient le pouvoir de base. Vassaux et suzerains politiques constituent la véritable hiérarchie soviétique, auprès de laquelle les autres hiérarchies : techniques, artistiques, commerciales, ne sont que subalternes.

Je puis dire qu'à Dikson j'ai vu se manifester les fissures significatives qui annonçaient le grand divorce entre la communauté scientifique de l'U.R.S.S. et la hiérarchie politique du Parti communiste soviétique. En revanche, je n'ai nullement diagnostiqué un quelconque malaise, chez Andréï Sakharov qui était alors un chouchou de son grand patron Kourtchatov, lui-même protégé de Boulganine et Khrouchtchev.

Voici comment j'ai vu se mettre en place le « séisme » de Dikson : Dikson, c'est un ensemble de deux territoires très différenciés : la base scientifique d'environ 2 500 chercheurs des diverses disciplines géophysiques : climatologues, glaciologues, géomagnétologues, météorologues, océanologues, astronomes, etc. Le port est tout à la fois une entité administrative placée sous la tutelle de la marine de la Baltique, une autorité politique du parti communiste, et un ensemble d'installations techniques de communications maritimes. L'autorité de la base scientifique est strictement de nature scientifique. Cette base forme une communauté, avec son chef, sa hiérarchie administrative et scientifique, à l'exclusion de toute structure de caractère politique propre.

L'autorité politique est exercée par le responsable de tout le secteur de l'Arctique central, qui est également le chef du port de Dikson. Cet homme est un ivrogne, jamais à jeun et clairvoyant, toujours en quête d'autorité. Bien que la base scientifique et le port soient séparés par une vingtaine de kilomètres de glace, la haine circule d'abondance entre les deux organismes. Cela, un visiteur séjournant furtivement à Dikson a peu de chances de le déceler ; il s'extasiera donc normalement sur le courage grandiose de ces hommes de la glace et de l'abnégation.

Voilà un bon mois que le chef du port de Dikson nous invite sans se lasser, à une soirée de bienvenue. Nous ne pouvons plus décemment différer cette invitation, sous peine de devenir franchement incorrects. La mort dans l'âme, Valentin Ignatchenko, responsable de la base scientifique, convient d'une date.

Et nous partons à bord d'une chenillette, roulant sur la glace à travers le large estuaire du Iénisséï. Sans transition : de la nuit glaciale à la salle des fêtes de Dikson, avec sa chaleur et ses lumières.

Le *politkroug* qui nous accueille là est bien tel que les amis scientifiques l'avaient décrit : rougeaud, pas très futé, jouant les autoritaires. Comment ne serait-il pas détesté, par des gens sages et de bonne éducation ? Le corps de spécialistes scientifiques de Dikson fait réellement le poids, on a affaire là à des hommes et à des femmes de compétence internationale, qui n'ont rien à envier à leurs collègues des autres pays. Quelle joie donc, pour ces brillants sujets d'humilier le « grand-prêtre » du parti. Celui-ci n'a qu'une seule occasion de se venger : le banquet annuel qu'il organise et préside, avec présence obligatoire. Toute absence serait considérée comme un acte d'indiscipline, et comme la manifestation d'une certaine opposition au parti.

L'homme ne se gêne donc pas de profiter de l'occasion. Un discours interminable, plein de lieux communs et de répétitions, avec les inévitables *B périod :* « en avant ». L'orateur oscille mollement, sous l'effet de l'alcool. Comique ? Plutôt poignant ! Comment maintenir plus longtemps la fiction de la subordination des cadres techniques de haute valeur à des chefs politiques aussi médiocres ?

Le spectacle de cette médiocrité me hante désormais. J'ai peur d'en apercevoir les signes de plus en plus fréquemment. Et puis la question vient tout naturellement : pourquoi justement la société communiste sécréterait-elle tant de médiocrité ? Est-ce l'une de ces fameuses maladies infantiles du communisme ? Plus exactement une maladie normale de la société communiste ? C'est la question qui me tourmente lorsque je quitte pour la deuxième fois le sol soviétique, en août 1957.

Il ne faudra guère de temps pour que m'arrive la réponse : seulement quatre mois. Je suis de nouveau à Moscou, en décembre 1958. Deux objectifs à ce séjour : une vaste enquête dans le monde des spécialistes de l'astronautique russe, et une conversation en multiplex, au micro de Radio-Luxembourg, entre Moscou-Cap Canaveral et Paris. L'académie des Sciences de Moscou ajoute un troisième point : enquête sur les grands projets scientifiques de l'U.R.S.S.

En huit semaines, je vois ainsi les plus grands savants de l'Union soviétique : Blagonravov, Kourtchatov, Sakharov, Avsiouk, Stanioukovitch, Biéloussov, Krat, Kozyriev, Danisz, et Nesméïanov. Finalement, ces dizaines d'heures passées avec les hommes qui pilotent le formidable mouvement créateur de la science soviétique m'ont apporté un tourment grandissant. Un tel se comporte comme un patron impitoyable, un « mandarin » cruel. Un autre vient de sentir à deux ou trois reprises le vent du boulet. C'est toujours la même gradation des coups de semonces et des représailles : suppression d'un deuxième salaire, retrait du chauffeur et de la grosse voiture, changement de secrétaire. Alors, le malheureux se casse la tête : où ai-je bien pu faire le faux-pas ? Un jour devant mes étudiants, à New York au Congrès international de biologie ? Jamais, l'infortuné professeur ne saura que son bon ami Ivan Serguéïévitch l'a tout bonnement mouchardé. Toute sa vie durant, il traînera son crime jamais jugé clairement, par un tribunal. Je connais maintenant nombre de ces cas pendables de grands scientifiques que le bon plaisir de la police secrète a éliminés. Bourkhanov qui fut le véritable organisateur de la « Voie maritime du Nord », et monta de toutes pièces le formidable effort scientifique de compréhension des phénomènes géophysiques de l'Arctique, cessa un jour de plaire. On le destitua.

C'est la même chose partout ! D'accord, mais ailleurs, dans n'importe quel pays libéral, il y a le droit imprescriptible de protester, de mobiliser les appuis, de faire donner les trompettes des syndicats, de se porter vers les studios toujours accueillants de la télévision et de la radio. Bourkhanov est allé à la trappe, avec son chagrin. Biéloussov a descendu bien des marches de son éphémère podium. Je vois de temps à autre un article de lui dans le *Scientific American.* Sakharov a pris le mors aux dents et se bat en un combat perdu d'avance.

J'ai mis bien du temps à comprendre la turbulence, puis la fronde, puis la contestation de l'intelligentzia scientifique de l'U.R.S.S. Comment des gens qui disposent de crédits, de bâtiments confortables, de matériel abondant, peuvent-ils se montrer aussi ingrats ? Ce n'est qu'en 1959 que j'ai entrevu la réponse : la coexistence d'un puissant corps de scientifiques et de techniciens possédant effectivement la responsabilité et la charge de l'essor économique de ce grand ensemble qu'est l'U.R.S.S., avec la hiérarchie médiocre du parti communiste soviétique, est fondamentalement impossible.

C'est de l'intérieur de cette intelligentsia scientifique soviétique que j'ai nettement discerné l'impéritie du parti communiste, et par conséquent de toute société communiste. Car la faillite du système soviétique n'est nullement un phénomène spécifique à la Russie ; c'est la faillite de toute prééminence de la bureaucratie régentant une société éclairée et cultivée. Ce sont les éléments les plus instruits de la société soviétique qui ont les premiers aperçu les tares congénitales du système. Il est vrai qu'ils sont aussi les seuls qui puissent aussi peu que ce soit découvrir un cheminement à leur refus. Les autres : les ouvriers et les paysans, les pauvres femmes-balayeuses de rues ou les femmes-maçons ont bien d'autres soucis plus immédiats que la protestation. Ils doivent assurer chaque jour le gîte et le couvert de la famille.

En 1959, je réalise des émissions pour Radio-Moscou, ce sont des émissions qui servent de cours de formation à des jeunes gens venant de pays francophones. Fils et filles d'émigrés de la Révolution de 1917, ces jeunes sont impétueux, passionnément désireux de bien servir leur patrie retrouvée. Leur patron Wolf Cédich est un garçon cultivé, spirituel, pas trop conformiste. En apparence du moins, car l'homme a depuis mené une carrière honorable dans l'appareil, en France. Il fut un ami, et il joua un rôle important dans ma déconvenue globale, puis dans ma « douleur soviétique ».

Wolf Cédich avait donc accepté d'enthousiasme mon idée de réaliser des émissions de reportages dans la rue, aux heures significatives de la journée moscovite. Je partais avec un car de reportage, soit le matin de bonne heure, soit vers midi, soit le soir. Et j'allais à l'arrivée des trains de banlieue, aux portes des grandes usines de la région moscovite, comme

Likatchov par exemple qui est l'équivalent de notre Régie Renault, ou bien encore sur la place du Kremlin, ou à l'entrée du théâtre Bolchoï. Je voulais faire entendre aux auditeurs français de Radio-Moscou ces palpitations de Moscou qui m'avaient personnellement intéressé et ému.

Aucun reportage n'a jamais pu être assuré hors de la présence de miliciens, c'est-à-dire de policiers. Je n'ai jamais pu faire parler l'homme ou la femme pris au hasard. Si j'insistais pour refuser l'interlocuteur que l'on poussait vers mon micro, et entendais lui préférer celui que j'avais appelé du regard, l'émission était terminée. Et les jeunes gens qui étaient avec moi se sentaient mal à l'aise. Un fiasco complet, pour moi qui voulait ainsi promener mon stéthoscope sur le corps de la capitale de l'U.R.S.S.

« Sais-tu cela, Wolf ? » Naturellement, Wolf Cédich savait cela, puisqu'il vivait quotidiennement dans l'implacable corset de l'information dirigée. Ils me font sourire nos bons petits syndicalistes des radios et télévisions des pays libéraux, quand ils crient à la censure du pouvoir de leur pays. Moi aussi j'ai raconté de telles bêtises ; c'est pourquoi je n'en veux pas à ces bons petits syndicalistes de médire de leur outil de travail et des conditions de son utilisation. Les gosses de riches ne comprennent jamais d'eux-mêmes quelle est la nature de leur bonheur.

Wolf Cédich travaillait dans une maison où l'on n'entrait qu'avec un laissez-passer. Au rez-de-chaussée et à chaque étage : des miliciens pour interdire l'accès à quiconque ne possède pas de coupe-file. Il était responsable de la section française de Radio-Moscou, ce qui veut dire qu'il était d'accord pour que le droit d'approcher les micros fût strictement réservé aux seuls speakers agréés, à l'exclusion de tout journaliste de la rédaction de sa propre section.

On a beau être fanatique, et je l'étais, le cerveau n'en travaille pas moins. Sincèrement, je ne me souviens pas exactement à partir de quel moment je me mis à faire le point de mes accords et de mes désaccords avec la société soviétique. Je sais seulement que, lors de mon quatrième séjour en U.R.S.S., je ne me sentais plus chez moi. La rue, les gens, les événements m'apparaissaient tels qu'ils étaient. Je n'étais plus le visiteur empressé de vivre son rêve. Je faisais partie des familiers, presque des acteurs de la scène quotidienne.

Me voici invité par la *Pravda*. Je loge à l'hôtel *Sovietskaïa,* non loin du stade Dynamo. On me remet un passeport, comme en possèdent les journalistes soviétiques. Je réalise des séries d'émissions pour Radio-Moscou, j'écris pour des journaux divers : *Les Nouvelles de Moscou, Teknika Molodieji, Naouka i Jizgne,* etc.

Comme tous les journalistes soviétiques en vue, je gagne bien ma vie. Surtout, je bénéficie d'une relative liberté de mouvement, du moins si je le demande. Tout est régenté, réglementé. Le camarade Iouri Joukov qui dirige la *Pravda* est particulièrement agréable, avec moi. Il est sûrement l'un des hommes les plus intelligents de la hiérarchie soviétique. Il connaît bien mes états de service dans l'appareil semi-clandestin du Parti français, au sein de l'organisation des émissions radiophoniques des « Voix de la Paix » que relayaient naguère les émetteurs de Prague, Budapest, et Varsovie.

Ce stage est le dernier qui complète pleinement ma documentation personnelle ; il m'offre des terrains d'observation particulièrement dégagés, d'où je regarde de nouveaux secteurs de la vie soviétique : le monde journalistique, l'univers politique à divers échelons de la hiérarchie. Je fais la connaissance de Rada Khrouchtchev et de son mari Alexis Adjoubéï. Rada est journaliste scientifique à la revue *Naouka i Jizgne,* ce qui facilite les liens amicaux entre nous. Son mari, joyeux luron, me plaît beaucoup. Malheureusement, ils n'échapperont pas aux lois des monarchies qui veulent que la famille partage les bénéfices des promotions et les dommages des disgrâces. Ces deux amis m'ont aidé à explorer la faune spéciale des émissaires spécialisés, c'est-à-dire des gens susceptibles d'approcher tels ou tels milieux des pays occidentaux.

Leur infortune est assez semblable à celle de la fille de Staline ; leur rancœur devait être assez voisine de celle de l'illustre fille du dictateur. N'exagérons pas, outre ces cas qui concernent les rejetons des numéros Un, il y a les drames de millions et de millions de gens qui ont été un jour ou l'autre meurtris par le bon plaisir de tel ou tel autocrate du Parti.

Le guide que l'académie des Sciences m'avait donné, lors de mon premier séjour en U.R.S.S., était fils d'un célèbre chirurgien moscovite. Pour des raisons inconnues d'Edouard Krassavine, son père fut arrêté et déporté en Sibérie, où il mourut. On venait de réhabiliter ce père tendrement aimé quand j'arrivais là-bas. Toute sa jeunesse, Edouard l'a vécue comme un fils de proscrit, avec les tourments et la détresse qu'un cœur d'enfant supporte difficilement dans la solitude. Je ne sais comment l'homme Edouard Krassavine accueille aujourd'hui les promesses sempiternelles des dirigeants de son pays, s'il croit encore à ces pompeuses proclamations sur la construction du bonheur du peuple, ou sur le rattrapage du niveau de vie des Américains. Je ne puis croire que cet homme ait débarrassé sa mémoire des cauchemars de son enfance, et qu'il se soit à son tour fait le serviteur de la mécanique à broyer les êtres.

Comme tant d'autres habitants de l'U.R.S.S., la mère d'Edouard s'est réfugiée dans une sorte de folie douce, qui lui offre les hallucinations d'un conte de fée, où elle se voit invitée dans les palais illuminés du Kremlin, accueillie par la tsarine en personne.

J'ai été étonné de constater avec quelle facilité l'Histoire — ses légendes, ses rêves — constitue un refuge de plus en plus fréquenté en U.R.S.S. Plus encore qu'ailleurs, où généralement l'engouement historique offre des thèmes d'évasion à ceux qui supportent mal les contraintes du présent.

Je me rappelle une scène caractéristique ; c'était dans la banlieue de Léningrad, aux abords du monument de Pouchkine. Un matin d'hiver léningradien, avec ciel clair, des nuances de soleil pâle, une excellente visibilité qui met en relief la ligne sombre des arbres bordant la Néva. Autour du monument de Pouchkine, dont j'ai quelque peu oublié les détails : des arbres et des bancs. Nous sommes là six personnes : mes deux compagnons et moi, plus trois officiers. Le guide de l'*Intourist* connaît sommairement l'affaire lamentable : ce duel qui opposa Pouchkine à un Français. D'ailleurs, la fin de Pouchkine est infiniment moins intéressante que l'œuvre même de ce poète génial.

Nous nous préparons à partir, quand surgit une femme. Non pas une femme-guide : une simple visiteuse comme nous. Sans doute, mes vêtements lui ont-ils indiqué que je suis étranger ; elle fonce sur moi. La voici qui me raconte la mort de Pouchkine, comme si c'était le drame de la soirée d'hier, et avec autant de précision que si elle avait été témoin elle-même de la tragédie. Le Français tuant d'un coup d'épée le pauvre Pouchkine. Cette femme sait tout : la taille de Pouchkine, l'âge du Français, la couleur des yeux de la femme qui fut l'enjeu du combat. Elle reconstitue les péripéties de l'affaire, seconde par seconde.

Un peu plus tard, j'ai rencontré à Moscou une jeune femme mariée à un officier de l'armée atteint d'ivrognerie au suprême degré. C'était au cours d'une soirée, dans l'isba d'un journaliste. Nous étions six : trois hommes et trois femmes. Je ne sais dans quelle intention Serguéï nous avait réunis chez lui, mais nous passâmes le temps à parler de l'ancienne

Russie. La Russie de toutes les époques connues, telle qu'on enseigne son Histoire dans les écoles soviétiques. Quelle fierté dans ces yeux, à l'évocation des grandes pages de Catherine, de Pierre, d'Alexandre ! Et comme ils prenaient de l'ampleur ces noms glorieux de jadis : Saint-Pétersbourg, Nijni Novgorod !

Il ne fallut pas beaucoup de vodka, ni d'accords de balalaïka, pour débrider soudain le flot des évocations et des souvenirs. En un rien de temps, j'ai vu ce qu'est au juste cette fameuse âme russe. Il n'y avait plus ni fonction dans le parti, ni situation sociale à la radio, ou dans les ministères. Plus rien d'autre que des Russes communiant et retrouvant leur « Sainte Russie » des espaces infinis et des mélopées infiniment tristes.

N'est-ce pas à cet instant précisément que j'ai compris la prodigieuse antinomie qui existe entre cette pâte humaine de la Russie éternelle et le système communiste ? Je n'ai sûrement pas diagnostiqué clairement toutes les causes de l'antinomie, mais je l'ai intimement ressentie à partir de cette soirée qui m'avait plongé moi-même dans cette Russie de l'isba, des coussins, des tissus rutilants, de la soupe aux choux. J'avais entrevu l'enchantement. Bien avant nous, les Russes ont recherché l'ivresse bienfaisante du « rétro » : de la chanson *Plaine ma plaine,* à l'épopée de Catherine, et aux espaces enneigés des vastes paysages plats que découpent les vieux fleuves russes. Un peuple d'aussi longue histoire ne perdra jamais son âme.

Un dimanche matin, je filmais les gens faisant la queue aux guichets de location du théâtre Bolchoï. J'aperçois une *chliapka* (bonnet de fourrure) qui reste ostensiblement dans mon viseur. J'arrête de filmer, et regarde cet intrus qui fait exprès de se placer dans mon champ de tournage. Il vient vers moi et m'insulte. C'est un officier d'artillerie. Aussitôt une femme se détache de la foule qui traverse au passage clouté, et vient auprès de moi. Elle m'offre une pièce de 5 roubles en argent, des années 1910 et me dit : « Oubliez les injures de cet imbécile. » C'est cela le peuple russe. On voit une injustice, une grossièreté, et l'on oserait n'importe quoi pour faire pardonner l'incongruité d'un compatriote.

Lorsque j'ai discerné les premières lézardes dans le système soviétique, à cette échelle toute individuelle de mes relations, je n'ai pas immédiatement entrevu la nécessité de condamner globalement. Je me suis simplement dit que la malchance m'avait conduit vers des personnes qui se trouvaient plus ou moins bien dans leur peau. Je n'ai pas osé imaginer que ces personnes avaient perdu la foi communiste. C'est une jeune femme d'une trentaine d'années qui m'a, pour la première fois, ouvert réellement les yeux. Je lui demandai : « Mais enfin, Zinaïda, qu'est-ce au juste que le communisme, pour vous ? »

Zinaïda était une employée de l'*Intourist,* chargée d'accueillir les personnalités invitées par un des organismes officiels de l'U.R.S.S. Elle connaissait bien les dirigeants les plus importants des partis communistes d'Europe occidentale, notamment

Togliati, Thorez, Sereni, Frachon. Elle avait assisté, impassible, à nombre de déjeuners et dîners de ces grands chefs communistes, dans les salons de l'*hôtel Sovietskaïa.*

Zinaïda esquissa un sourire, ses yeux me fixèrent un instant, comme s'ils me jaugeaient, avant que soit formulée la réponse à ma question. Et mon interlocutrice eut la malice de me répondre en anglais, pour que le chauffeur de taxi ne comprenne pas : « C'est une triste utopie. »

Pourquoi cette réponse ? Zinaïda n'avait guère de raison de me confier un secret aussi important, et qui risquait de lui coûter bien des tourments. Sans doute n'en pouvait-elle plus de jouer la comédie, de paraître enthousiaste, sous les lustres de la grande salle à manger de cet hôtel spécialement réservé aux managers du communisme international.

Je n'ai jamais pu obtenir de Zinaïda qu'elle explicite son désenchantement. Elle s'est comportée ensuite comme si aucun mot exceptionnel n'avait jamais franchi ses lèvres.

Comment ai-je encaissé la confidence de Zinaïda ? Il m'en reste encore aujourd'hui cette sensation douloureuse que cause la découverte d'un gros chagrin d'enfant. Je croyais que cette jeune femme était précisément un produit séduisant de la civilisation communiste : intelligente, cultivée, élégante, et belle. Et voilà qu'elle répudiait justement cette filiation, me signifiant au contraire que l'être qu'elle était devenue n'avait rien à voir avec la mythologie communiste. Même, cet être s'était donc façonné au sein de sa famille, selon les usages et principes conventionnels de la longue Histoire russe, en marge du communisme. En ne cessant pas de considérer l'« utopie communiste » d'un œil critique.

On aura sans doute du mal à comprendre que j'aie pu me sentir si bouleversé d'entendre ainsi s'exprimer le scepticisme d'une femme qui ne fut rien d'autre qu'une amicale relation de voisinage. Pourtant, je le sens maintenant : c'est à partir de cette petite blessure que mon âme communiste s'est peu à peu effilochée. J'ai senti, ce soir-là, en sortant de la séance de cinéma à laquelle Zinaïda m'avait accompagné, que les sacristies du communisme soviétique abritaient bien des apostasies. Quelques jours plus tard, je dînais chez un confrère journaliste soviétique, qui était alors rédacteur en chef du journal *Moscou-Soir*. Ce journaliste avait longtemps vécu en Amérique du Sud, ce qui fait que nous parlâmes en espagnol durant presque tout le repas. De la sorte, nous pouvions nous abstraire quelque peu de la conversation générale qui ne parvenait pas à sortir des préoccupations audiovisuelles des autres confrères nouvellement dotés de caméras allemandes.

Homme d'expérience, Tchernichov avait roulé sa bosse un peu partout dans le monde, servant ici d'organisateur de la propagande, préparant là des accords avec les radios et télévisions de l'Occident. Il avait été à même de juger objectivement les avantages et inconvénients respectifs des deux mondes : le monde communiste et le monde libéral.

Au contraire des autres convives, tous fruits de la serre soviétique et par conséquent dépourvus de points de repère permettant des comparaisons judicieuses, Tchernichov savait parfaitement d'expérience que les rodomontades sur la prétendue supériorité du système soviétique étaient hautement fantaisistes. Il avait ainsi acquis une sorte de sagesse et de modération qui tranchaient nettement sur l'expression de la plupart des autres journalistes soviétiques.

Je n'ai rencontré qu'un autre journaliste soviétique qui osât nourrir une conception personnelle, quant à la société communiste, à la société libérale, et aux rapports entre les deux types de société ; c'était Alexis Adjoubéï, le gendre de Khrouchtchev. Mais Adjoubéï pouvait alors se permettre le luxe d'être original ; le K.G.B. n'importune pas les puissants.

Un soir, nous étions au club de la presse, tout un groupe de journalistes, représentant les divers modes d'expression : Radio-Moscou, *Les Nouvelles de Moscou,* la télévision, *Moscou-Soir,* et la *Litteratournaïa Gazietta*. Nous fêtions un anniversaire quelconque, dont je ne me souviens plus, et une bonne gaîté animait cette soirée. Plusieurs confrères s'apprêtaient à rejoindre la nouvelle agence *Novosti* qui venait tout juste d'être créée, afin de diffuser à l'étranger les informations concernant la vie soviétique.

Pendant tout le temps de cette petite réjouissance, le sujet de conversation fut la *datcha* : la résidence secondaire. Certes, en Occident aussi nous nous préoccupions déjà de la « fermette », mais je trouvais assez étonnant de constater que les privilégiés du système soviétique se fussent aussi fabriqué une mentalité de « société de consommation ». A la réflexion, c'est peut-être ce qui m'a le plus perturbé, sur-le-champ. J'allais pourtant en voir bien d'autres, et de plus étonnantes encore.

« *My name is Bill. Do you have dollars ?* » Le garçon qui m'interpelle ainsi, à la sortie de la bibliothèque de la rue Razine, près de la place Rouge, a un bon visage. Etudiant sans doute. Une coiffure de vraie fourrure, ce qui est une manière ici d'exprimer une aisance élégante. Pas de vêtement excentrique, comme en portent certains *hooligans* qui assiègent les étrangers, à la sortie des hôtels de *l'Intourist*. Non, mon « Bill » est du genre convenable. Il est accompagné d'un autre garçon, et d'une fille. Tous les trois paraissent avoir une vingtaine d'années.

« Enfin », dis-je à ce jeune homme, « je comprends assez mal ce que vous me demandez : ai-je des dollars ? Non. Suis-je intéressé par des icônes ? Non. Puis-je vous vendre mon fuseau de ski ? Non. Et encore moins mes souliers en peau de phoque, car je devrais alors m'en aller pieds nus, à Paris. Je ne suis pas ici, à Moscou, pour faire du commerce, surtout du commerce clandestin.

« Figurez-vous, jeunes camarades, que vous êtes mal tombés ; je ne suis pas un touriste, mais un journaliste communiste français. Vous m'accostez en pleine rue ; il me serait facile de vous dénoncer au premier milicien rencontré, et de lui raconter ce que vous venez de me proposer. » Contrairement à ce que je supposais, ces jeunes ne sont pas du tout effrayés par cette évocation du risque que je pourrais leur causer.

Particulièrement intrigué par ces trois jeunes effrontés, je les invite à parler plus longuement, dans la soirée, à l'*Hôtel Berlin,* où je les attendrai vers 21 heures pour dîner. « D'accord », me dit Bill.

A la table voisine, une noce bruyante attaque le répertoire des chansons modernes, les succès du moment, en particulier *Piat minoutes* (Cinq minutes). Ensuite, on passera aux chansons d'avant la guerre, puis aux vieilles mélopées infiniment tristes d'autrefois, style *Les Bateliers de la Volga.* C'est que la vodka aura progressivement assombri les esprits, jusqu'à ce stade de profonde mélancolie proche des larmes où se complaisent tellement les Russes.

Heureusement, il y a les danses, bien qu'elles soient assez espacées du fait de la paresse évidente de l'orchestre, et de la grosse chanteuse qui adore imiter Yves Montand, en français évidemment. Pendant les danses, il nous est plus aisé de parler. Donc, Bill s'appelle en réalité Alexis Serguéïévitch Liapounov. Son père est directeur d'une grande organisation de recherche pétrolière. Etudes assez brillantes, jusqu'en deuxième année d'Université. A ce moment-là, Alexis part pour des vacances de recherches géophysiques, en Sibérie : vacances payées par les services de prospection minière. C'est la première rencontre avec des ingénieurs, des techniciens : un monde nouveau, fasciné par la technique étrangère, surtout la technique américaine. Paradoxalement, ces vacances qui auraient dû être une sorte de service civique offert à la patrie soviétique se transforment finalement en un long stage d'initiation à l'intelligence technique des Américains. Des liasses de photocopies diffusent en milliers d'exemplaires les articles des revues spécialisées provenant des Etats-Unis. Chacun est convaincu de la supériorité américaine ; il importe donc de copier sur toute la ligne ce que font les Américains. On n'a pas le temps de se lancer dans des études complexes, d'imaginer des astuces, de calculer des solutions originales. Dans le monde entier, des agents russes de toutes sortes s'efforcent de rafler tout ce qui est susceptible d'inspirer et de guider les ingénieurs soviétiques. On copie les appareils photographiques Leica, Rollei, Kodak ; on copie les automobiles américaines et françaises ; on copie les montres suisses.

Et ces innombrables copies incitent les techniciens soviétiques à une inévitable admiration pour leurs « maîtres ». C'est ainsi que les Russes en sont venus à une sorte d'assujettissement intellectuel à l'Occident en général, et à l'Amérique en particulier. Un assujettissement qui va loin, notamment en matière d'informatique.

De l'assujettissement technique et scientifique, l'élite soviétique est passée insensiblement à l'envie de goûter aux loisirs de l'Occident, aux récréations américaines, aux plaisirs de l'*American Way of Life.* Il faut fabriquer des ersatz de whisky, de microsillons. La Pologne gagne de l'or, grâce à la production massive de disques microsillons qui diffusent dans tout le monde communiste les derniers succès de la chanson moderne occidentale.

Ainsi que me le dit Alexis Serguéïévitch, on sent que la jeunesse et le dynamisme sont « occidentaux ». Le monde soviétique est encore archaïque, rural, compassé. Il ne réussit pas à se donner un style, à devenir séduisant. Et Alexis choisit de se faire appeler « Bill ». Et les jeunes étudiants russes rêvent de porter des vêtements qui les tireraient de l'uniformité sombre de la rue soviétique. Il a raison Alexis : je n'avais pas fait le rapprochement entre la sensation de tristesse qui se dégage d'une rue de Moscou, de Léningrad, ou de Kiev, et les vêtements des gens. Ces mêmes couleurs dans les tons tristes du bleu, du gris et du noir, ces mêmes coupes pour les costumes d'hommes, les manteaux des femmes. Alexis en était venu à ne plus le tolérer.

« Alors, Alexis, comment voyez-vous votre avenir ?

— Pas la moindre idée, peut-être la diplomatie. Cela me permettrait de vivre à l'étranger, de connaître les autres pays.

— Et vous, Svietlana ?

— Moi, je serais tentée par l'ethnographie : l'Orient, le Sud-Est asiatique. »

Le père de Svietlana est militaire : colonel. Je l'ai

d'ailleurs rencontré, en compagnie du général Pokrovski qui fut le penseur prospectif de l'U.R.S.S., dans les années 1950-1960. Moins intelligente qu'Alexis, Svietlana discerne moins nettement les raisons de son indifférence à l'égard de la société soviétique. Elle en a assez des réunions de *komsomols,* des uniformes, des pointages, des cours édifiants. La vie, telle que la présentent les touristes qu'elle pilote, durant les vacances d'été : voilà ce qui la fascine. Trois fois par semaine, on lui répète qu'elle ne doit pas se laisser séduire par ces fausses apparences de liberté et de bonheur des Occidentaux. Maintenant, elle ne croit plus en ces exhortations. Elle en est malheureuse. Au stade présent, elle se sent partagée entre la honte d'être « sous-développée » et le désir impétueux de « vivre sa vie ».

Hélas ! Svietlana ne parvient pas à imaginer de quelle façon elle pourrait bien organiser sa vie. Elle se traîne. Des études médiocres, un père qui ne s'intéresse guère à elle. On lui offre d'entrer à l'*Intourist,* comme accompagnatrice de missions culturelles. Elle a envie d'accepter. Et l'ethnographie ? C'était un rêve, répond Svietlana, amère.

Guiorgui Nicolaievitch : le troisième de ce groupe d'invités, est sûrement le plus à l'aise. Il a choisi sa voie. Il sera officier. Quelle arme ? Il n'en sait rien encore. L'aviation peut-être, ou bien les missiles. Son père qui est haut fonctionnaire à l'académie des Sciences souhaite depuis longtemps que Guiorgui prenne cette voie. Pourquoi pas ? L'armée jouit d'un prestige évident ; on y est bien payé.

Surtout on a un pouvoir enviable. Mais Guiorgui partage la manière de voir et de juger de Bill-Alexis : il faut ouvrir les frontières, le monde est un et indivisible, la coexistence pacifique est absolument nécessaire. Evidemment qu'il se marierait avec une Américaine, si cela se trouvait ainsi. Le communisme ? Heu ! N'exagérons pas, nous deviendrons un pays parlementaire (il ne dit pas libéral). Le parti communiste, oui bien sûr, c'est utile, mais tout de même on peut vivre sans...

Franchement, j'en prends un bon coup sur la tête. Quoi, voilà le résultat de cinquante ans de régime soviétique ! Et nous, à Paris, qui célébrons les grandes messes anniversaires de la Révolution d'Octobre, au « Vél d'Hiv », avec fanfare d'Hénin-Liétard, partie artistique, les cantiques des chœurs : *Souliko*; *Moskva Maïa,* quels demeurés sommes-nous ! Mais qu'est-ce que nous adorons ainsi ? Une Terre sainte qui n'existe pas, un modèle irréel. L'humanité que nous rêvons est impossible. Oh non ! j'ai trop mal. Ces trois visages : de bonnes petites gueules d'adolescents sympathiques et francs. C'est vous, jeunes gens, qui, ce soir-là, m'avez vraiment décidé à faire le saut, à prendre ma permission libérable.

En vous quittant, j'ai emprunté un taxi, en bordure du square Maïakovski. Comme d'habitude, le conducteur de taxi s'est lancé dans une série de dérapages contrôlés, en descendant la contre-allée du *Prospect Lenine.*

J'ai demandé à ce citoyen soviétique s'il n'aurait pas un peu d'essence à vendre à un ami russe qui possède une vieille *Pobieda.* » D'accord, je pourrai en avoir trente litres, jeudi prochain. L'affaire a été enclenchée sur-le-champ, le plus naturellement du monde. Mon ami n'aura qu'à venir dans le coin gauche, derrière l'*Hôtel Moskva ;* on y fera le transvasement.

Ce conducteur a une bonne tête ; sur la banquette, à côté de lui, le roman de Boris Polevoï : *Un homme véritable.* Les touristes l'ont certainement photographié, à maintes reprises : visage exemplaire du bon travailleur soviétique, penché sur un livre de mécanique. Vous voyez : un homme acharné à s'élever, à gagner des grades, pour mieux servir notre patrie... Sacrés guides de l'*Intourist :* ils sont vraiment drôles. Comme s'ils ne savaient pas que leur homme exemplaire fait aussi du marché noir, et vole l'essence de sa compagnie de taxis.

« Mais non, je ne vole pas », s'écrie-t-il, scandalisé. « J'économise cette essence. » Effectivement, il économise l'essence. En débrayant, dès qu'il a quelque peu lancé le véhicule en troisième vitesse. Tant pis pour les glissades sur le verglas ; il redresse, en heurtant la bordure du trottoir. L'essentiel est d'économiser l'essence qui sera ensuite vendue à un cours supérieur au cours officiel. Tous les conducteurs de taxi, tous les chauffeurs de camions font cela ; c'est notoire. De même, les uns et les autres ont toujours un essuie-glace à vous proposer, si quelque voleur prend le vôtre. Je n'ai pas encore compris pourquoi on vole les essuie-glaces dans les rues des villes soviétiques, surtout à Moscou.

Ma montre plaquée or est arrêtée. Au *Goum,* où je l'ai achetée, on me conseille de la confier à un atelier de réparation, sur la place du Bolchoï, trottoir de droite, face au théâtre, en sous-sol. On me reçoit mal, mais c'est toujours ainsi, dans n'importe quel service administratif. Que l'on ait affaire à un Russe, ou à un étranger parlant le russe. L'Union soviétique est avant tout un monstrueux amas de guichets faisant office de lignes de démarcation entre les préposés bureaucrates et les usagers.

Tout usager mettant sa tête entre les montants d'un guichet devient automatiquement un gêneur, et doit donc être reçu avec agressivité. Etat hyperfonctionnarisé, l'Union soviétique est de tous les pays de race blanche celui où les rapports entre les êtres humains atteignent le niveau maximum d'agressivité. Un couple sort d'un restaurant : l'ivrogne qui se trouvait à la table voisine, face à la jeune femme, emboîte le pas, et commence à lutiner cette petite blonde. « Mais c'est ma femme », tonne le mari. Et au même moment, sans aucune considération pour le malotru complètement ivre, il lance un coup de poing à assommer un bœuf. L'ivrogne roule par terre. On rit très fort. C'est la règle de l'agressivité sous pression.

Nous arrivons au buffet de notre étage, à l'*Hôtel Oukraïna :* Igor Barrère, un autre Français d'origine russe, et moi. Nous demandons à dîner, en français. La serveuse ne bronche pas. Nous l'appelons une autre fois. Elle vient, maussade, excédée, et nous dit : « On ne sert plus à cette heure-ci. » Nous insistons.

En s'en allant, elle murmure à sa collègue : « Je vais leur dire qu'il n'y a plus que des œufs. » Par malheur pour elle, nous comprenons le russe. C'est le scandale. Le chef-administrateur arrive, s'excuse, promet de tout réparer. Rien ne se passe. Il faut encore s'exclamer, tempêter, donner des pourboires. Le pourboire, au restaurant, dans les taxis, à l'hôtel : l'admirable travailleur soviétique ne méprise pas « l'humiliation du pourboire bourgeois ».

J'arrive donc avec ma montre, dans cette étrange échoppe de réparation (*remont*), place du Bolchoï, trottoir de droite. On regarde ma montre, sous tous ses aspects. Ai-je le bulletin d'achat ? Ma foi, non ; cela fait maintenant cinq ans que je l'ai achetée dans la rue Gorki, juste avant de partir pour l'Arctique. Alors, on est désolé : pas de bulletin d'achat, pas de réparation. Pourquoi ? Mais simplement, parce que vous pourriez l'avoir volée. Ma montre ne sera pas réparée. Je l'ai conservée, en souvenir de mes périples russes.

Certes, tout cela, ce n'est qu'un fouillis de détails. Détails que je commence alors à trouver significatifs, et qui peu à peu me présentent le climat quotidien de l'existence des gens de ce système, de ce monde communiste. Lorsque j'ai été persuadé qu'il n'y avait pas de morale communiste, plus exactement que cette morale n'était en rien supérieure à la morale des pays libéraux, j'ai décidé de me retirer de ce combat communiste, dès lors dépourvu, pour moi, de toute signification. A la même époque, je devais l'apprendre plus tard, Courtade et Garaudy recevaient eux aussi un semblable démenti du système soviétique à leur engagement communiste.

Un soir, nous dînions, Courtade et moi, chez le correspondant de l'*Unita :* chez Boffa, je crois. Après le dîner, Courtade, toujours facétieux me dit : « Je vais t'emmener voir un quartier de la grande capitale des vaillants défenseurs du prolétariat universel. » Un passage étroit, entre deux immeubles, débouchait sur tout un bidonville d'isbas, de gourbis, plantés çà et là sur un terrain détrempé. A quelques mètres de l'*Hôtel Sovietskaïa* réservé à l'aristocratie communiste européenne, du stade Dynamo, et du building de la *Pravda.* Courtade avait déjà cessé de prendre au sérieux ce système, ses dirigeants, et ce pays. Quelques années plus tard, sa compagne devait écrire le désenchantement du couple passionnément épris de justice et de générosité.

Je sais bien que, dans tout pays, dans toute civilisation, il y a des composantes différentes, parfois même dissemblables et contradictoires. Je veux même croire que les périodes les plus prospères d'une culture ne sont pas obligatoirement celles de l'égalité, de l'unanimité, et de la pacification. L'Histoire européenne s'est façonnée à grands renforts de guerres et de sacrifices. Les peuples béats et comblés ne tardent pas à s'enfoncer dans la somnolence de la digestion. Lorsque l'être humain reçoit des autres, c'est-à-dire de la collectivité, tous les attributs de la sécurité, il est perdu. Il s'amollit, et se fabrique forcément une âme de nourrisson.

L'aristocratie russe se trouve dans la situation de ces Sybarites qui bénéficiaient de toutes les sollicitudes. Elle exerce le pouvoir ; elle est assurée de la sécurité de l'emploi ; elle reçoit les moyens financiers et les avantages matériels qui hisse son niveau de vie à la hauteur du niveau de vie de l'aristocratie capitaliste. Et elle a l'immense toupet d'exercer son intransigeante tutelle, au nom de la sainte solidarité révolutionnaire.

Quand j'en suis arrivé là, dans mon analyse, j'ai senti vaciller mon être même. J'ai pensé à me dissoudre dans quelque tragédie indéfinie. Il ne me semblait plus possible de vivre normalement, de revoir les êtres que j'aimais, qu'ils fussent ou non des camarades de parti. Le pire est que je n'avais personne à qui parler de cette affreuse désespérance.

Ce samedi-là, je sortais de l'*Hôtel Berlin,* l'ancien *Savoy,* où j'aimais bien descendre, à cause de son cadre vieillot, du gros ours qui menace éternellement quiconque emprunte l'escalier, à cause aussi du bassin de la salle à manger où évoluent les poissons que le chef-cuisinier prend au filet. Je sortais donc de l'*Hôtel Berlin,* et un autre client de l'hôtel me rejoignit. Il était mon vis-à-vis au dîner de la veille. Puis-je l'emmener un bout de chemin ? Il ne connaît pas Moscou. Dentiste à Kiev, il est venu à Moscou, pour suivre un stage.

L'homme est sympathique, une quarantaine d'années. Plutôt volubile. « Je vais acheter des cadeaux pour ma fille, au magasin pour enfants : le *Dietskiï Mir.* » Il est ravi de voir ce magasin. C'est vrai que le coup d'œil est agréable. Les jouets sont simples, parfois rudimentaires. Peu importe : les enfants moscovites les regardent avec autant d'envie et de joie que si les poupées parlaient, faisaient pipi, et que si les trains crachaient réellement de la fumée et de la vapeur. Mon compagnon éprouve soudain l'envie d'acheter lui aussi deux ou trois jouets : un spoùtnik, un autobus et un char qui tire du canon, avec des crépitements de magnésium.

Ensuite, la traditionnelle promenade sur la place Rouge, jusqu'aux quais de la Moskova. Puis retour sur nos pas, pour descendre vers la majestueuse gare de Biélo-Russie. Nous déjeunons au restaurant de l'*Hôtel Praga,* place de l'Arbat. J'aime le cadre de ce restaurant.

Le dentiste de Kiev a épousé une Arménienne ; il est lui-même fils d'un père russe et d'une mère géorgienne. Non, il n'est pas membre du parti. Pourquoi ? Parce qu'il n'a pas tellement le goût de la politique. Il ne sait pas grand-chose de l'Occident, sinon qu'on y est assez bien habillé. Il connaît évidemment « Yves Montanne » ; il sait même la chanson *Les feuilles mortes* en français.

J'aurais envie de lui faire part de mon mal, de lui raconter que je me trouve sans doute pour la dernière fois à Moscou. Mais en quoi cela l'intéresserait-il ? Comment pourrait-il concevoir qu'un étranger venu du bout de l'Europe, de ce pays où il y a Paris : une ville si prestigieuse, soit à ce point meurtri par un incompréhensible chagrin d'amour. Curieuse, cette expression de « chagrin d'amour » qui m'est venue là, sur cette place du Kremlin. Comme tout a changé : les briques et les bulbes d'or du Kremlin, la masse émouvante de Saint-Basile, le mausolée de Lénine. Quoi ! j'ai aimé, peut-être même chéri, ce cœur de Moscou. Ce site que tout communiste identifie et vénère, simplement parce qu'il est le symbole du bras séculier de sa foi.

Eh bien ! voilà que j'en suis à ne plus tressaillir d'émotion, à ne plus me sentir chez moi, solidaire de ce pays. On m'a souvent demandé : mais enfin qu'est-ce que cela vous a fait ? Les hommes qui ont eu à souffrir d'une infidélité de la femme adorée comprendront la nature de ma douleur russe. J'étais moi aussi sur le palier de l'infidèle, convaincu de mon infortune. Et je ne pensais à rien d'autre qu'à partir. Le plus vite possible. Malheureusement, des rendez-vous avec des scientifiques russes me retenaient encore pour deux jours, ici.

Ces deux jours ont été affreux. Des conversations infiniment lourdes, empêtrées de mon propre tourment. Des accompagnatrices de l'Académie des Sciences et de l'*Intourist* multiplient les éloges conventionnels de tout ce que nous découvrons : la collecte de sang imaginée par le professeur Tarassov, les greffes osseuses, l'institut du géomagnétisme, l'écrivain de science-fiction Efrémov, les pauvres audaces d'Oparine qui cherche depuis trente ans à faire apparaître la vie, dans des bacs pleins de grosses masses gélatineuses. Tout cela ne me bouleverse plus ; je suis devenu incapable de vibrer. L'Union soviétique m'exaspère, m'afflige.

Enfin arrive le matin du dernier jour de mon existence moscovite. Il bruine, le ciel est bas. De la fenêtre de ma chambre, au sixième étage de l'*Hôtel Oukraïna,* j'aperçois un tout petit morceau de chaussée et de quai de la Moskova. Un autobus passe de temps à autre. Des gens cheminent, enveloppés d'amples manteaux sombres. La radio joue de la grande musique, des chœurs, de la grande musique, puis encore des chœurs. Parfois un appel téléphonique : les grands éclats de voix de Vassili Zakhartchenko me chargeant d'une commission pour « Katérine » à Paris, Lia qui me dit gentiment « au revoir ».

J'ai connu Lia, dans l'Arctique, où elle était glaciologue. Grâce à elle, j'ai rencontré de nombreux scientifiques qui avaient hiverné, durant plusieurs périodes de trois ans à Dikson. Ils m'ont appris à comprendre la mentalité de ces jeunes gens et jeunes filles qui s'exilent ainsi dans le terrible hiver du Grand-Nord. Patriotisme ? Un peu, certainement. Mais surtout l'intention de faire carrière rapidement. Les annuités de l'Arctique comptent presque double, deux mois de vacances dans le sud par année d'Arctique, un salaire fortement majoré, pas de dépenses d'habillement, ni de nourriture, ni de logement. Une sorte de statut colonial.

Lia me raconte qu'elle est allée au cinéma ; elle est amoureuse d'un garçon qui ressemble à l'acteur allemand Fischer. Elle ne retournera plus dans l'Arctique, car on lui propose un poste à l'Institut de l'Arctique, à Léningrad. « J'espère vous revoir, à Paris », me dit-elle.

Boris Liapounov vient me dire adieu. Un brave confrère : remarquablement doué pour écrire sur les sujets les plus difficiles. Un ivrogne exquis, gentil, désireux de faire plaisir. Il m'a apporté un coffret laqué.

La vie moscovite, la vie russe, la vie soviétique continueront. Le ciel restera gris encore longtemps, à cette saison intermédiaire entre l'hiver et le printemps du mois d'avril. Moscou s'agrandira régulièrement chaque trimestre de quelques cubes d'immeubles. Des dizaines de millions de gens, dans le monde, proclameront inlassablement qu'ils sont « une humanité à part », comme le leur a enseigné Staline, et croiront dur comme fer que chacun de leurs actes quotidiens prépare « les lendemains qui chantent ».

Ici, au sommet de cette pyramide de foi et de sacrifices universels, l'aristocratie soviétique gardera immuablement son mode de vie. Privé de toute espérance, le peuple russe regardera ébahi les transformations matérielles de son pays.

Par quel bout prendre maintenant, mon affaire personnelle ? Que vais-je faire ? Quitter tout ce monde de déception : cela est désormais inévitable. Mais comment ? Proprement, calmement, en silence. Oui, je dois procéder ainsi.

Et tout se passe de cette manière. Le communisme soviétique m'a démobilisé. Je suis bien en permission libérable. Etienne Fajon, qui est encore mon patron, en tant que directeur de *l'Humanité,* m'écoute attentivement. Il rendra compte, puis nous nous reverrons. A aucun moment, un mot méchant ne surgira, ni de part ni d'autre, au cours de notre conversation.

Mais en avril 1961, dans la précipitation de l'opération *Vostok* de Gagarine, M. Tabouis, P.-D.G. de Radio-Luxembourg, m'envoie en catastrophe à Moscou, pour couvrir le retour triomphal de Gagarine, le premier astronaute du monde. Grâce à l'aide de l'ambassadeur Vinogradov, me voici nanti d'un visa soviétique dans l'heure qui suit. Paris-Berlin, en Caravelle. Il faut ensuite « se débrouiller » pour passer à l'Est, y payer l'amende classique pour franchissement irrégulier de la frontière. Un TU-104 nous emmène à Vilno. L'aéroport de Vnoukovo est fermé, à cause précisément du retour de Gagarine. Une heure et demie de palabres avec le commandement de la base aérienne où notre Tupolev est retenu. Enfin, je pars à bord d'un avion de transport militaire.

Les autorités m'accordent le privilège d'être à Moscou, au moment historique. Tant de bienveillance ne s'adresse pas à moi, mais à Radio-Luxembourg, qui sera ainsi la seule station occidentale de radio à transmettre en direct le fantastique spectacle de la place Rouge.

Relations correctes avec les confrères de Radio-Moscou, sans plus. Ils aident Radio-Luxembourg, non l'ex-camarade Barnier. Que je comprenne bien la nuance ! Une foule à perte de vue. La géométrie des emplacements réservés, à l'aide de simples cordeaux, parfois une barrière de bois. Personne ne pousse, ne tente de conquérir un pouce de terrain en direction de la tribune. Quelques hooligans vêtus de vert font les malins. Aussitôt les longs bâtons de la milice cognent ces petites têtes de « cosmopolites ». Et la formidable incantation s'enfle un peu plus, faite de musique martiale et de psaumes. La pauvre mère de Gagarine, couverte d'un fichu noir, n'en revient pas d'entendre si souvent le nom de son Iouri frapper comme un gong cette bouleversante mélopée de la place Rouge.

Je me sens moi aussi troublé, peut-être même enthousiasmé. Cet homme au visage de statue qui ne cesse de fixer droit devant lui, honorant de toute sa personne sa patrie et son arme : l'aviation soviétique. Tout de même, cet homme a pu survoler notre planète en 92 minutes, à la vitesse de 28 800 kilomètres à l'heure. Il est à la fois l'acteur d'un exploit invraisemblable, et le précurseur d'une nouvelle humanité qui conquerra d'autres planètes. Je sais bien qu'aujourd'hui ces mots ne déclenchent plus l'admiration, mais ce 14 avril 1961, nous en prenions plein les yeux, à l'ombre des murailles du Kremlin.

Le lendemain, ce n'était déjà plus la frénésie. A la Maison de l'armée, il n'y avait plus que Gagarine, des maréchaux et généraux russes d'une part, et d'autre part des journalistes accourus du monde entier.

Un dialogue banal, interminable, conventionnel, alourdi par l'inertie des traductions. On demande à Gagarine : « Avez-vous eu peur ? » « Non, répond-il, car je savais que, si j'éprouvais des difficultés, le Parti me secourrait ». « Croyez-vous en Dieu ? » « Non, dans le ciel, je n'ai pas rencontré d'anges. Il n'y avait que le Soleil et la Terre. »

Cet être, qui prendra forcément place dans l'Histoire, ne parvient pas à dépasser les dimensions du Soviétique moyen, en cette heure exceptionnelle, où nous attendons tous un mot d'émerveillement, de chaleur humaine. Le Gagarine, au rapport, face à Khrouchtchev, au bout du long tapis rouge de l'aéroport de Moscou, débitant un compte rendu appris par cœur, n'a pas réussi une seconde à exprimer ne serait-ce qu'un bafouillage de son cœur.

Je sors de cette cérémonie désincarnée, en compagnie d'un scientifique français : M. Laclavère. Nous devons aller à Radio-Moscou, pour participer en direct à l'émission de Radio-Luxembourg, de la mi-journée.

Le soir, je suis invité au dîner des techniciens qui ont construit le vaisseau spatial de Gagarine. Un dîner qui ne m'apprendra rien d'intéressant, si ce n'est que ces sympathiques ingénieurs sont convaincus que les Français vivent dans les délices perpétuelles d'une infatigable sexualité. J'étais venu ici, dans l'espoir d'apprendre des informations qui me vaudraient un scoop, dans la presse française ; et l'on m'interroge sur l'agrément de l'amour à la française. Seul intérêt de ce dîner, en compagnie de Vassili Zakhartchenko, nous inaugurons, à pied, les premiers passages souterrains pour automobiles, au centre de Moscou.

Vassili m'abandonne à 500 mètres de mon hôtel ; je musarde le long de la Moskova. Il est cinq heures du matin. C'est agréable. Tiens je ressens pour la première fois quelque chose de nouveau : l'impression de me trouver dans un pays quelconque. En Islande, aux Etats-Unis, en Angleterre, je n'ai pas d'état d'âme. Je regarde les gens, les maisons, les rues, les restaurants, ma chambre d'hôtel, les taxis. Je ne suis ni dépité, ni amoureux, ni triste. Le spectacle de Moscou ne me fait ni chaud ni froid. Je ne me sens plus concerné par ce qui se passe ici. Je ne suis plus amoureux, ni dévot.

Je vois la Russie soviétique telle qu'elle est : extraordinaire cocktail de génie technique, de pauvreté, de sous-développement, d'orgueil, de faiblesse, de brutalité, d'athéisme, de bigoterie politique.

Oui, je suis un étranger, dans ce monde soviétique. Un visage se présente à mon esprit : celui de Kornéiev, haut fonctionnaire de l'académie des Sciences. Pourquoi pensé-je à cet homme, en cet instant ? Peut-être parce qu'il a dans son regard impénétrable la froideur du système. Jamais un mot chaleureux, jamais même une appréciation quelque peu personnalisée. A trente ans, cet homme symbolise la dépersonnalisation du communisme. Il a étouffé son cœur, une fois pour toutes. Lorsque le régime aura enfin réussi à se forger une aristocratie qui sera toute entière ainsi désincarnée, il y aura dans le monde une race d'hommes d'acier : ces hommes à part que souhaitait Staline, devant le cercueil de Lénine. Ce fut le rêve des stoïciens d'Athènes, des centurions de

César, des S.S. de Hitler, que de devenir insensibles au froid, à la douleur, au sang et à la mort.

Au moment de quitter l'U.R.S.S. à l'aéroport de Vnoukovo, l'homme en uniforme s'efforce de me faire dire les mots qui pourraient conclure cette navrante affaire d'amour. Excédé ? Certes, je le suis. Au-delà de tout ce que cet individu est capable d'imaginer.

Quelques années plus tard, la direction de Radio-Luxembourg demande aux Russes que l'on m'accorde un visa, pour accompagner le général de Gaulle à Novosibirsk. La demande est présentée par Michel Moine et Jean Carlier. L'un des interlocuteurs soviétiques, journaliste en poste à Paris : Zikov, réplique : « Impossible, Barnier est un agent américain. » Et les Américains s'obstinent à inscrire, sur mes visas délivrés par leur ambassade de Paris, les lettres et chiffres indiquant qu'ils me tiennent pour un « subversif ». Tant pis. Je n'ai jamais eu l'intention de soigner ma « douleur russe » dans quelque clinique des Etats-Unis.

CHAPITRE II

Vingt-cinq années de parti...

Pourquoi ai-je adhéré au parti communiste ? A cette question, je n'ai pas l'impression d'avoir jamais répondu d'une manière qui satisfasse mes interlocuteurs. Sans doute, ceux-ci s'attendaient-ils à ce que je leur fournisse des motifs logiques, pour un choix que je fis à l'âge de 15 ans et demi, et qui devait si durablement influencer mon existence. Je puis le dire : c'est vraiment par hasard que j'ai adhéré, pour la première fois, aux Jeunesses communistes et au parti communiste.

C'était en 1934, je n'avais donc pas encore 16 ans. Je me trouvais en classe, à côté d'un garçon de mon âge, que j'appréciais à cause de sa droiture, de sa gentillesse, et de son allure décidée. Raymond Roussat me parlait de son père, avec une admiration qui m'étonnait. Ce n'était pas habituel chez les jeunes gens de notre âge. Et puis j'étais très sensible à cette idée du père. Vraisemblablement, parce que je n'avais pas connu mon propre père, mort d'épuisement, à force de passer des nuits sans sommeil, dans sa petite gare de Nanteuil-le-Haudouin, qui desservait alors le fameux front de la Marne, en 1918.

Un jour, Raymond Roussat me dit que son père était communiste, et qu'il avait même été candidat député à plusieurs reprises. Moi aussi, je suis communiste, ajouta-t-il. Comme c'était drôle qu'un communiste ait cette bonne tête, qu'il chante les chansons du moment : *Avoir un bon copain, Voilà les gars de la marine,* et qu'il joue bien au foot !...

Je m'imaginais les communistes ayant une tout autre allure : avec la vilaine tête que leur faisait *Le Pèlerin,* et l'évidente mauvaise mine des « meneurs ». Ma mère prononçait ce mot de « meneurs », en y mettant le maximum de blâme.

Jusqu'à l'âge de 12 ans, deux adultes ont joué un rôle dans ma conception de la vie : mon instituteur et ma mère. M. Séramy s'intéressait à moi, parce que je réagissais rapidement à ses attentions bienveillantes ; il m'aurait entraîné au bout du monde avec lui. Je savais, grâce à lui, tout jeune, ce qu'était la Droite et la Gauche. J'étais comme lui « républicain ». Elevée par des religieuses, jusqu'à l'âge de 18 ans, ma mère avait été ensuite gouvernante dans une famille bourgeoise du 17e arrondissement de Paris. Il lui restait de cette période de son existence un faible pour les idées royalistes. Dans ma famille Barnier, on était plutôt pour les républicains, contre les « gros ».

Nous étions en 1934, en plein hiver de février. A Paris, on tirait à balles les uns sur les autres. On incendiait les autobus. Les proclamations homériques fusaient de tous les côtés. L'épopée nous enivrait, chaque jour de la semaine. Nous nous soûlions de mythologie révolutionnaire. Je vibrais de toute ma ferveur.

Raymond Roussat m'apportait des brochures interdites à notre école : *L'Eglise au service des capitalistes, L'Ecole laïque contre la classe ouvrière, La Maladie infantile du communisme...* Je ne comprenais pas grand-chose, car j'ignorais qui était au juste ce fameux ennemi de classe, dont il était si souvent question. Mais j'aimais ce style provocateur, cette façon de régler les comptes au vitriol. A la guerre comme à la guerre : on exécute sans pitié. Je me convertissais très vite à la haine. La haine en général, contre ces ennemis indéterminés au départ, puis de mieux en mieux circonscrits.

Ma pauvre mère me regardait toute attristée. Pourquoi son fils piétinait-il ainsi ce qu'elle révérait par-dessus tout : Dieu, l'Eglise, sa ligue des femmes patriotes dont elle arborait en permanence la marguerite de métal, et son goût pour la sagesse ? C'est à ce tourment maternel que je vis combien mon défi communiste était une réplique qui portait. J'y trouvais à la fois une possibilité délicieuse de me distinguer, et le moyen de participer à la révolution qui arrivait.

Le soir, après le dîner, dans la salle d'études, nous nous réunissons autour de l'un des deux poêles. Des photographies énormes : la foule des barricades, le défilé de la Bastille, l'émeute de la Concorde. *L'Humanité* le proclame : c'est la victoire, le front unique, un gouvernement anti-fasciste... Petit à petit, notre frénésie gagne les imaginations des plus placides d'entre nous. Réfugié jusque-là dans ses mathématiques, où il accomplit mille pirouettes élégantes, Picandet se laisse tenter par nos vibrations. Un nouveau venu des Arts-et-Métiers de Vierzon : Lapandry est notre instructeur. Il connaît un peu la doctrine du Parti. Sa famille est engagée dans le mouvement.

Dans le magazine *Regard,* André Malraux se déclare en faveur du front unique. Malraux et Céline sont nos idoles. Nous avons tous lu et commenté cent fois *La Condition humaine* et *Voyage au bout de la nuit.* Certes, nous apprécions aussi la fleur bleue de Jean d'Esme, les incantations de Renan, le cinéma verbal de Chateaubriand. Mais, aucun doute, nous avons mis sac au dos, engagés dans l'Histoire. Nous allons nous aussi nous battre en rase campagne. Au diable la discipline de l'école, son directeur socialiste, les examens du mois de juin, les difficultés croissantes de découvrir une carrière intéressante...

Raymond Roussat m'invite à une réunion, un dimanche matin. Une petite salle blanchie à la chaux, dans la Cour-des-Moines. Trois hommes sont assis : le père de Raymond, Maurice Guyot : un sabotier de Moulins, et Marcel Gire, commis-percepteur à Gannat. Le sabotier me demande pourquoi je désire adhérer aux Jeunesses communistes, et par la même occasion au parti communiste. Il faut croire que je réponds convenablement, puisque l'on me donne cette carte tant attendue. Me voilà désormais combattant à part entière.

Raymond m'apprend quelques chants : *La Jeune Garde, Le Chant du Komintern,* et *L'Internationale.* Je suis chargé de créer des cellules des Jeunesses, durant les vacances scolaires. C'est ainsi que prend forme le « rayon » de Gannat des Jeunesses communistes. J'en suis évidemment le secrétaire. Que de jours harassants, arc-bouté sur les pédales de ma bicyclette. Et des garçons qui finalement restaient froids ; c'était autre chose que notre marmite toujours en ébullition de Marcelin-Berthelot. Le dimanche, c'est le bal, le cinéma, ou le football. Nos réunions sont tristes.

Je parle pour la première fois, dans un meeting à Ebreuil. La petite place, au bord de la Sioule, est à peu près entièrement occupée par la foule. C'est la première réunion du Front Populaire, dans l'arrondissement de Gannat. Marcel Gire, responsable du parti communiste, m'a chargé d'ouvrir le feu. Je me souviens que je parle du malheur d'être jeune ; c'est le titre d'un ouvrage de Paul Vaillant-Couturier. Ma voix me revient du haut des arbres, où l'on a accroché deux haut-parleurs. Je m'attendais à ressentir un émoi, et je descends de la tribune plutôt calme et décontracté. On commence à percevoir que le grand charivari de Paris inquiète quelque peu les campagnes. Les gens s'habituent peu à peu aux drapeaux rouges, à *L'Internationale,* aux manifestations. Communistes et socialistes rivalisent de hardiesse. Dans les bals, nous sommes toujours cravatés de pourpre. Et à la recherche d'une bonne bagarre, contre les « fascistes » ; par exemple dans la commune voisine de Saint-Germain-de-Salles, de nombreux jeunes cultivateurs résistent à l'engouement révolutionnaire. Alors, nous organisons de petites descentes, pour dresser ces « fascistes ».

A Chantelle, nous avons mis sur pied une troupe artistique qui mobilise tout ce que le canton compte de socialistes et de communistes, pendant au moins trois mois. Un apport non négligeable à la formidable propagande de ces mois chauds de 1936. D'ailleurs, nous finissons tout juste de jouer nos sketches, quand la radio communique les premiers résultats des élections législatives. Victoire du Front Populaire, victoire de notre candidat député : le socialiste Paul Rives, qui choisira plus tard la collaboration avec le nazisme. Tout comme notre camarade communiste Marcel Gire, d'ailleurs.

A quel moment ai-je entendu les voix de la mise en garde ? Peut-être lorsque j'ai soudain réalisé qu'il me fallait poursuivre mes études, afin d'acquérir un métier. Peut-être aussi, est-ce ce jour où j'ai rencontré le chanoine Cristiani, à moins que ce ne soit le 7 septembre 1938, au moment de franchir le porche de la caserne du 28e génie, à Montpellier.

Comme l'on dit : la vie continue. C'est une manière de signifier qu'il y a aussi un temps pour réfléchir, décider, étudier, se former. J'en suis là ; j'ai envie de me former, et d'acquérir des compétences. Serais-je militaire ou enseignant ? Je suis d'abord militaire, je serai ensuite enseignant, puis de nouveau militaire dans la Résistance, puis journaliste.

Durant les années 38 et 39, je prends du champ, à l'égard du communisme. Pour deux raisons : d'une part j'en ai assez du grand jeu de la révolution ; d'autre part, il est indispensable que j'assure mon avenir, car je n'ai aucun héritage en perspective. La guerre arrive et m'incite à me poser la question de Dieu. Non pas parce que je ressens le besoin de sa protection. Je n'ai pas spécialement peur. Mon arme technique : le génie « transmissions » me maintient en arrière de la ligne de feu. D'autant plus que je me spécialise dans les transmissions de forteresse.

Ma situation comporte de nombreuses et longues périodes de solitude, que j'utilise à réfléchir. Curieusement, je constate que la gigantesque kermesse du Front Populaire ne m'a pas marqué. J'ai seulement l'impression d'une énorme partie de rigolade. Aujourd'hui, nous dirions que la moitié des Français se sont défoulés. Au son de l'accordéon. Ce fut agréable, nouveau, et certainement salutaire. Franchement, je n'en ai pas retiré une résolution révolutionnaire, ni un encouragement aux luttes politiques. En revanche, je suis pris d'une frénésie d'exploration des mathématiques. Je lis également de nombreux ouvrages de toutes sortes.

C'est à la fois la période la plus neutre de ma vie, et celle d'un ardent besoin de former mon esprit. Comment devenir un homme mûr ? Tel est mon souci. Le chanoine Cristiani m'aide de toutes ses forces. Il m'a empêché de commettre des faux-pas qui m'auraient forcément conduit à la stérilité. Le père Crozier, juste à la fin de la guerre, dans Avignon occupé par les Italiens et les Allemands de la Commission d'armistice, me révèle l'extraordinaire joie de l'accord avec la foi. Quelle foi ? C'est davantage un climat de beautés architecturales, d'intellectualité religieuse, que de liens réels avec Dieu. Je me sens heureux, mais sans savoir exactement pourquoi.

Uriage : j'effectue là un stage de trois mois, à l'Ecole nationale des Cadres de la Jeunesse. Un climat enthousiasmant, dans la France meurtrie par la défaite militaire et l'occupation allemande. Les dirigeants de l'Ecole ont réussi à créer un esprit civique, dans un décor conventuel. Des anoraks blancs, avec capuches relevées, ajoutent à cette ambiance de couvent. Je mords aisément à cette exhortation du « vieux Chef » Dunoyer de Segonzac : chercher au tréfonds de chacun de nous les possibilités de s'améliorer, de faire naître un être nouveau. A près de quarante ans de distance, on est tenté de sourire de tant de naïveté, comme s'il suffisait de se mettre en face de soi-même, pour se remodeler à la perfection.

Ce doit être tout de même assez logique, puisque en sortant de cette Ecole d'Uriage, je me suis engagé dans la Résistance, et que je n'en suis plus sorti, jusqu'au jour de mon débarquement sur les côtes de Provence, en août 1944. C'est là, certainement, que j'ai ressenti la signification exacte de la « patrie charnelle ». Les jours avaient alors pris une coloration inusitée, faite du drame de la défaite et de la détermination de la plupart d'entre nous de sacrifier éventuellement notre vie pour libérer le pays de l'occupant. Uriage m'a révélé le sens du patriotisme. Deux hommes d'Uriage m'ont particulièrement impressionné : Dunoyer de Segonzac, et Malespina. Malheureusement, je ne les ai pas rencontrés de nouveau, après la Libération.

Me voilà donc à Clermont-Ferrand, aux « Compagnons de France ». C'est là que je vais recevoir l'homme qui m'introduira dans l'univers mystérieux de la Résistance. Il est socialiste, journaliste à *La Montagne* qui est le journal du député socialiste du Puy-de-Dôme : Alexandre Varenne. Il s'appelle Rochon. Un visage bon, le regard attachant, une discrétion constante. Nous sympathisons rapidement. Je suis de nouveau engagé dans un combat politique. Mais j'ai maintenant 23 ans et demi, et je bénéficie d'une expérience particulièrement dense. Le combat est tout d'abord militaire, dans l'organisation de l'Armée secrète. On me charge de récupérer des armes, auprès des responsables militaires de l'armée de l'armistice. Le lieutement Motard est mon contact avec le 92e régiment d'infanterie. Ces armes, je les distribue ensuite à nos groupes de six combattants (les sizaines) de l'Armée secrète.

Une fois passée l'exaltation des missions initiales, on a le temps d'avoir peur, de prendre du poil de la bête, de concevoir des garde-fous. Il faut apprendre à vivre clandestinement. Une fois, c'est l'ordre de faire passer des aviateurs à Toulouse, où le capitaine Poirier les convoiera vers l'Angleterre. Une autre fois, je me charge d'emmener des personnages infiniment mystérieux sur des chantiers de charbonnage du Cantal. Et un jour, après un rendez-vous à Vichy, avec un interlocuteur que je ne réussirai plus jamais à voir de nouveau, je pars pour Londres, via Montpellier, Perpignan, Barcelone, Saragosse,

Miranda-de-Ebro, Madrid et Malaga. En réalité, je rejoindrai les gaullistes d'Alger.

C'est en prison, durant les onze mois passés en Espagne, que je découvre de nouveau ma voie vers l'engagement communiste. Nous venons de passer cinq mois dans les souterrains de la *Carcel Modelo,* prison principale de Barcelone ; cinq mois d'abrutissement, puis de vie végétative, sans aucun tourment spirituel. Un débrayage survenu insensiblement. On fume, on joue aux cartes, avec des cartes faites de papier d'emballage. Et en quelques heures, nous sommes transférés au Palacio-de-las-Misiones. Une vaste salle claire, qui abrita une exposition. Nos paillasses à même le ciment du plancher.

Nous nous sommes groupés par affinités. En face de moi : Bertrand éternellement vêtu de son pyjama vert, Epstein, et Grigori. Les trois communistes notoires de notre groupe des emprisonnés de Barcelone. Bertrand est ingénieur d'aéronautique, Epstein doit être un révolutionnaire professionnel ; il en a l'envergure, le calme et la froide détermination. Grigori se dit aviateur russe : pilote d'un avion *Stormovik* descendu par les Allemands, non loin de Stalingrad. Dommage qu'en réalité, ce brave Grigori n'ait jamais quitté la France, où il était né de parents russes-blancs.

C'était le soir que nous célébrions notre culte. Nous nous asseyions tous les quatre, sur la paillasse d'Epstein. Le faible éclairage tombant des hautes voûtes du « Palais des Missions » devait accentuer l'aspect liturgique de notre groupe. Nous étions les fidèles réunis autour du grand-prêtre.

Jeune produit du communisme, Epstein se trouvait chez lui, en quelque lieu qu'il fût. Polonais d'origine, étudiant parisien, ce jeune homme de 26 ou 27 ans avait également vécu en Russie. Même Bertrand, qui jouait volontiers les soupçonneux conspirateurs, abaissait la garde face à Epstein.

Un visage tout d'intelligence, une voix douce, un langage précis, à peine un léger accent slave, l'homme était d'une étoffe solide. Que nous disait-il ? Des histoires, des anecdotes épiques. A ses propres souvenirs, il devait ajouter les souvenirs de nombreux camarades ; toujours est-il que nous vivions les épopées des émissaires du *Komintern,* comme si nous-mêmes avions été chargés de la mission de cultiver la révolution dans toutes les villes de la vieille Europe. Je me souviens des yeux d'Epstein, lorsqu'il psalmodiait le fameux chant du *Komintern* : « ... *Quittez les machines. Debout prolétaires. Marchez et marchez. Formez-vous pour l'attaque. Drapeaux déployés, les armes chargées. Au pas cadencé, prolétaires avancez. Il faut gagner le monde. Prolétaires debout...* » Ah oui ! c'était un grand-prêtre. Il s'y entendait à faire passer le frisson de la foi. J'étais naïf ! Pourquoi donc s'il vous plaît ? Non, j'avais du sang dans les veines. Je venais d'un pays floué, humilié. Peu m'importait l'infrastructure économique ; que je sache, le capitalisme ne proposait pas grand-chose d'enthousiasmant. J'étais impatient de me battre.

Donc Epstein représentait un monde dynamique, une foi, une analyse des événements, une perspective. Ce diable de magicien excellait à construire le futur. Demain, plus de haine, plus d'exploitation de l'homme par l'homme. La fraternité des peuples. Tiens, mon vieux professeur de français de « Marcelin Berthelot » : le père Jouvençon, militant socialiste, ami de Dormoy, m'avait lui aussi bercé de ces visions de Jaurès, d'Hugo, de Beaumarchais. Epstein ressuscitait toute cette culture de l'utopie que j'avais abritée pieusement dans la malle au trésor de mon adolescence.

Et petit à petit, l'épopée me fascinait. J'avais envie de signer moi aussi l'engagement. Cela tombait bien : nous arrivions aux premiers jours de juillet. Si nous fêtions le 14 juillet, proposa Epstein. Il savait que les Espagnols tenaient *La Marseillaise* pour un chant particulièrement subversif, aussi séditieux que *L'Internationale.* Mais ce serait une « action » qui obligerait ces braves petits « apolitiques » que nous étions à affronter la phalange franquiste, qui exerçait la direction de notre prison. Ainsi que l'avait imaginé Epstein, le ton de notre fête monta, jusqu'au défi. Des chiffons tricolores, le défilé dans la prison. Et surtout *la Marseillaise* se répercutant jusque vers les autres salles de la prison, où se trouvaient des prisonniers politiques espagnols. Un climat d'épreuve de force, avec grève de la soupe.

Epstein se frottait les mains ; nous avec lui. La mayonnaise montait admirablement. Quatre jours après les Français, les Belges se mettaient eux aussi à fronder. On finit par nous transférer à la prison de Saragosse, puis à Miranda-de-Ebro, dans un camp, où l'on voyait enfin de la verdure, le ciel et le soleil. Tous ceux qui ont vécu ce 14 juillet illégal de 1943, au Palacio-de-las-Misiones de Montjuich, ont sûrement gardé le souvenir d'une opération réussie. C'est là que réside la force de la tactique communiste : premièrement découvrir la revendication mobilisatrice, choisir le meilleur moment pour ouvrir le combat ; deuxièmement décider d'une vitesse de croisière qui sera admissible pour chacun des participants au rallye. Enfin savoir arrêter la joute, un peu avant que l'adversaire cogne méchamment, de telle sorte qu'on se retire sans avoir trop mal à la tête.

J'étais ravi d'avoir appris ces notions de tactique en rase campagne. Epstein jubilait : même en prison, il retrouvait aisément la bonne vieille mécanique du harcèlement « de classe ». La séduction fondamentale du communisme, c'est que ses fidèles passent inlassablement de la théorie, qui donne une coloration scientifique aux actions humaines, à une multitude d'exercices pratiques. Cette gymnastique a pour effet de convaincre les militants communistes que leur parti possède véritablement une boussole, dans toutes les situations possibles et imaginables, et que cette boussole indique en permanence le bon cap. D'autre part, les exercices sur le terrain renforcent ces militants dans l'idée que finalement leurs cohortes sont irrésistibles.

Me voilà donc de nouveau bon pour le service du communisme. Cette fois, tous les éléments favorables sont réunis. J'accède assez aisément à la doctrine, au raisonnement. Je partage la fierté romantique de la troupe toujours sur le qui-vive. Staline, ce stratège d'une victoire qui semble longuement élaborée, me paraît être un père plus que convenable. Alors, en avant !

Alger, novembre 1943. Une ville dans la guerre. Le parti communiste y existe légalement. Je monte timidement l'escalier qui conduit à la direction du journal communiste. Que va-t-il se passer ? Etienne Fajon qui me reçoit est avenant, sympathique. Il n'a pas qualité pour se prononcer sur mon intégration dans le parti français. Ici, il y a seulement une délégation du Comité central du parti français. On respecte la « personnalité algérienne » et l'indépendance du parti communiste algérien. Donc, je n'aurai pas de carte officielle, mais la délégation du Comité central que dirige André Marty m'agrée comme « membre cotisant » de soutien. Je verse la majeure partie de mon salaire à la trésorerie de la délégation. Mon action de responsable de la propagande radiophonique en direction des déportés français en Allemagne, au cabinet d'Henri Frénay, sera directement supervisé par la délégation. Je soumets tous mes travaux à Henri Pourtalet, puis à Léon Feix. De la sorte, je connais les axes de la politique et de la propagande du parti : effort de guerre maximum sur le front de l'Ouest, afin de soulager les Russes à l'Est, soutien au général Giraud contre de Gaulle, armement des groupes de Francs-Tireurs et Partisans, qui sont les unités militaires dirigées par le parti, action permanente de guérilla contre les occupants.

Je fais office de liaison entre la délégation du Comité central et Henri Frénay, organisant plusieurs rencontres auxquelles participent Henri Frénay, Grenier, Mercier, et Pourtalet. Très rapidement, les communistes engagent une violente campagne contre mon patron Henri Frénay. C'est ma première blessure grave de militant communiste, car je suis intimement persuadé que Frénay est un honnête homme. Mes camarades le traînent dans la fange, l'accusant d'avoir pactisé avec Pucheu, le ministre de l'Intérieur de Vichy, qui vient de se livrer imprudemment aux fauves d'Alger.

Ma première blessure, mon premier haut-le-corps aussi. Fernand Grenier a tôt fait d'apaiser mes scrupules. « On en sait long sur Frénay. Il a créé des groupes armés qui combattent les communistes en France ; il a des relations étroites avec les services secrets de De Gaulle : le B.C.R.A. » Plutôt que d'avoir à combattre Henri Frénay, de manière clandestine, alors que je suis dans son cabinet, je préfère m'en aller. Raymond Aubrac qui fut mon premier contact avec l'état-major de l'Armée secrète, à Clermont-Ferrand, me prend à ses côtés, au ministère de l'Intérieur, avec Emmanuel d'Astier de la Vigerie. J'y suis chargé de la propagande radiophonique en direction des maquis. Il s'agit de relater quotidiennement les faits et gestes des divers groupes armés qui, sur le territoire national, mènent des actions de harcèlement contre l'occupant.

Il faut croire que je suis devenu déjà assez « copie-conforme », puisque dans une réunion de travail, Claudius Petit me dit un jour que j'ai « bien appris ma leçon ». Tiens c'est vrai, je récite souvent une leçon : la leçon commune à tous les communistes. Et cette leçon, elle nous rappelle les lignes de la page 15 de notre Bible : Les œuvres complètes de Lénine. Cette page 15, je l'ai entendue déjà bien souvent réciter par différents camarades : Epstein à Barcelone, Choureau à Miranda, Amraoui à Maison-Carrée. Maintenant, j'ai moi aussi les quatre livres bleus, avec leurs signets de soie bleue. Dans mon lit, boulevard Saint-Saëns à Alger, je lis et relis cette page 15. Le début du discours de Staline sur la dépouille de Lénine, le 26 janvier 1924 : « Camarades, nous sommes, nous communistes, des gens d'une étoffe à part. Nous formons l'armée du grand stratège prolétarien, l'armée du camarade Lénine. Il n'est rien de plus haut que l'honneur d'appartenir à cette armée. Il n'est rien de plus haut que le titre de membre du parti qui a pour fondateur et pour dirigeant le camarade Lénine. Il n'est pas donné à tout le monde de résister aux adversités et aux tempêtes qu'entraîne l'adhésion à ce parti. Les fils de la classe ouvrière, enfant du besoin et de la lutte, des privations sans nom et des efforts héroïques, voilà ceux qui avant tout, doivent être membres de ce parti. Voilà pourquoi le parti des léninistes, le parti des communistes s'appelle encore le parti de la classe ouvrière. »

Combien de fois me suis-je récité cette incantation ? Aux heures de doute, la fatigue, le texte-prière faisait souvent son effet. Combien de condamnés à mort a-t-il réconfortés, au moment même de mourir, lorsque ces malheureux n'avaient plus rien d'autre qu'à clamer leur foi communiste, face à un ciel qu'ils croyaient vide ? C'est curieux comme quelques lignes seulement suffisent, pour étayer une foi, pour définir une fidélité : « Je te baptise, au nom du Père, du Fils et du Saint-Esprit. », « Nous te proclamons Chevalier... », « Vous êtes unis, pour le meilleur et pour le pire. », « En vertu des pouvoirs qui nous sont conférés, nous vous faisons... »

J'étais donc « d'une étoffe à part ». J'aspirais de toutes mes forces à devenir digne d'entrer dans cette armée du camarade Lénine. Un dimanche matin, dans un cinéma de Bab-el-Oued, quartier d'Alger, le parti organise un meeting. La tension s'accroît avec de Gaulle. Il faut montrer notre force. La salle de cinéma est comble. On a placé des haut-parleurs à l'extérieur. Premier orateur : Florimond Bonte. C'est un homme en constante vibration. Il frémit sur ses pieds relevés, comme pour se grandir. Il fait d'innombrables gestes. Sa voix se faufile du grave à l'aigu, en un instant. Un jeu de sublime comédien. Etienne Fajon lui succède. Dommage que la voix soit acide, car le discours est chaleureux, bien construit. Etienne Fajon ne suscite pas de ces applaudissements caressants qui ont bercé un Thorez ou un Casanova ; il ne sait pas enjôler la multitude. Il n'a jamais réussi à s'enivrer de verbe ; c'est pourquoi on l'écoute les yeux ouverts, sans jamais perdre la tête. Un véritable militant doit perdre quelquefois la tête, sinon, il ne supporterait pas la tension de cette existence sans répit.

A ce stade-là, autant que je me souvienne, j'étais impatient d'agir au cœur même de la lutte. Parler à la radio me semblait être une mission de demi-solde. On préparait des cadres militarisés, pour les Commissariats de la République, immédiatement à la prise du pouvoir suivant la libération des régions françaises. Je m'inscris. Départ dans les quarante-huit heures. Destination : Naples, Troisième Bureau de l'armée de Lattre. Je suis le seul communiste de ce corps d'officiers placé sous le commandement du colonel Thaon, et du commandant Weil. Je choisis le commissariat de la République de Marseille, où je retrouverai mon ami Raymond Aubrac.

Voici donc cette France que nous avons tant de fois recréée, dans nos rêves d'exilés. Marseille est encore saignante. Les gravats des bombardements encombrent par endroits les chaussées. La ville est écorchée à vif. On a peur. On règle des comptes, le soir à la campagne. Je suis invité dix fois à ces odieuses exécutions, sans jugement. Non merci. Pour la première fois, je vais me trouver au cœur même d'une des grandes opérations communistes des années 40, en France. D'un côté, le Pouvoir exécutif que représente le commissaire de la République Raymond Aubrac ; de l'autre côté la force politique qui est à majorité socialiste, et à minorité communiste ; enfin une population aspirant à l'ordre et à la paix, que propose le général de Gaulle.

Partagé entre ses opinions communistes et sa

fidélité à de Gaulle, Raymond Aubrac tente l'impossible synthèse d'un pouvoir populaire servi par les Compagnies républicaines de sécurité dont la majorité des membres est communiste, et d'une démocratie absolue qui instaurerait la justice sociale de manière irréversible. A son cabinet, Jean-Paul Vernant représente l'élite intellectuelle qui a rejoint le parti communiste, dans la Résistance. Mais Raymond Aubrac a eu l'intelligence de prendre avec lui des libéraux comme M. Tissier. Plus loin du commissaire, surveillent attentivement Ferrucci et Cristofol, qui sont eux des militants responsables du parti communiste.

Je me sens assez mal à l'aise « dans ce monde complexe, où tous les actes et décisions se pèsent au trébuchet. Mon rôle de chef du service de Presse-Radio du Commissariat de la République est intéressant. Sans plus, car les principaux journaux de Marseille sont des organes politiques ayant choisi leur vérité, quels que soient les événements. Ils trouvent d'eux-mêmes la traduction des événements d'actualité. Je ne leur suis donc d'aucun secours, si ce n'est pour distribuer les communiqués officiels du commissariat.

Il me semble préférable de rejoindre mes camarades de la Radio, à Paris. Dans la capitale, trois clans s'affrontent à tous les niveaux d'influence et de commandement : le clan de la résistance intérieure, le clan de Londres, et le clan d'Alger dont je fais partie. C'est le clan d'Alger qui détient les leviers de commande de la radio nationale, avec Jacques Lassaigne et Jean Roire membre du parti communiste.

Certes, Jean Guignebert chapeaute tout le secteur de l'information : radio et presse, mais il est un assez piètre organisateur. Parallèlement à mon entrée à la radio, comme responsable des émissions pour la jeunesse, je suis également embauché à *Paris-Presse,* par Philippe Barrès et Eve Curie.

Voilà les secteurs où je dois désormais mener mon combat de militant communiste. Que faire, pour que ce combat soit efficace ? Peut-être me le dira-t-on au siège du Comité central du parti, où je suis convoqué. A la Section des Cadres.

Je ne me souviens plus très bien ce que j'ai ressenti, en pénétrant dans cet immeuble de briques jaunâtres, que nous appelions en langage du Parti : le « Quarante-quatre », car il est situé au numéro 44 de la rue Le Peletier. Je venais là pour apprendre la confirmation ou le refus de mon ordination, c'est-à-dire l'acceptation ou le rejet de mon adhésion solennelle au parti communiste français. J'avais bien reçu une carte provisoire à Marseille, mais c'était une de ces cartes distribuées sans façon aux foules de la Libération. Comme disait alors Picasso : « On allait au communisme, comme la cruche va à la fontaine. »

Ils étaient deux dans cette pièce du dernier étage du « Quarante-quatre » : un homme et une femme. J'ai oublié la silhouette de l'homme, mais tant que je vivrai je garderai le souvenir de la femme. Une femme jeune, au visage doux qu'animaient des yeux implacables. Moune Dutilleul me reçoit sans exprimer la moindre nuance qui risquerait de laisser préjuger de sa décision. Elle est au niveau supérieur de la « Commission des Cadres », là où s'exerce la sagacité vigilante qui a pour mission de démasquer les éventuels adversaires du parti qui seraient désireux de mener leur combat de l'intérieur même de l'appareil. Plus le candidat militant est notable, plus grande est la prudence du parti.

« Assieds-toi, tu vas écrire ta biographie. » La biographie est constituée d'une multitude de réponses à des questions qui concernent à la fois l'impétrant, sa famille et ses proches. En tenant compte du temps de réflexion, il faut bien une bonne heure pour rédiger ce document qui embrasse réellement toute l'existence du candidat.

De son côté, le parti possède nombre de renseignements me concernant, y compris de la période de la Résistance, et même du temps où j'avais totalement décroché des Jeunesses et du parti, entre 1937 et 1943. Les questions vont maintenant se succéder, lancées sur un ton neutre qui m'irrite :

« Comment expliques-tu qu'après avoir rencontré des camarades du parti illégal, à Montluçon, en 1942, ces camarades aient été arrêtés ? »

Me voilà donc troublé, m'acharnant à retrouver les faits, dans leur ordre chronologique. Je raconte ma visite à Weiss, avec Vergnol, l'objet de ma visite, etc., Moune Dutilleul esquisse une ride qui pourrait être un tout début de sourire.

« Bon, ne te fatigue pas, nous connaissons le traître. Ce n'est pas toi... Et à Alger, tu as eu une histoire, au cabinet de Frénay...

— Oui, c'était...

— D'accord, nous savons cela aussi. Pourquoi veux-tu adhérer au parti, au juste ? »

C'est difficile à croire, mais ce genre d'interrogatoire me coupe les moyens. J'ai envie de m'en aller. Mon interlocutrice doit s'en apercevoir. Elle abrège aussitôt. Nous restons quelques secondes, nous regardant, sans une parole.

« Alors, dis-je, quelle décision ?

— Barnier, ne te fais pas plus bête que tu l'es en réalité. »

Me voilà donc admis, Je vais recevoir une affectation, dans une cellule de Paris.

La première vente de *l'Humanité-Dimanche,* dans les rues du 8e arrondissement de Paris : nous sommes un commando de camarades : un fondé de pouvoir de banque, un astronome, un chauffeur de maître, un employé d'Air-France. Nous voilà partis, vers la gare Saint-Lazare, occupant de front les deux trottoirs. Il est 8 h 30, Paris somnole encore. Presque personne dans les rues. Nos cris montent vers les étages supérieurs, manifestant ainsi, dans la rue, cette fameuse puissance du parti communiste, qu'amplifie la propagande adverse. Nous impressionnons, nous faisons peur. Chacun de nous est un délégué de cette force formidable que symbolisent Stalingrad et la chute de Berlin. Pied à pied, le parti se bat pour conquérir « toute sa place, rien que sa place », lance Jacques Duclos qui a saisi les rênes de la direction, dans l'attente du retour de Maurice Thorez qui est encore en Union soviétique.

Outre les anniversaires de la victoire, le

14 Juillet, le 1er Mai, nous multiplions le plus possible les occasions de mobiliser les foules dans les rues de Paris. Un double avantage à ces manœuvres : on montre sa force, et on aguerrit tous ces jeunes adhérents dans les combats contre la police. Parfois même, on fait monter la température, artificiellement. Je me rappelle un soir de 1945 : rassemblement à la section du 7e arrondissement, qui a la responsabilité des cellules de la radio. Je suis là, en tant que secrétaire de cellule du Centre Bourdet, 118, Champs-Elysées. Instruction : immédiatement nous répandre dans tout le 7e arrondissement et briser les vitres des avertisseurs de police-secours. En une demi-heure, l'arrondissement est en ébullition. La Préfecture de Police sait parfaitement que nous sommes les auteurs de cette opération, mais aucune mesure de rétorsion n'est prise. Le bénéfice est double, là aussi. Nous avons montré notre organisation d'envergure, et les habitants de l'arrondissement sont les témoins de cette escarmouche gagnée par nous.

Paris ne doit pas être laissé en paix ; rien n'est plus dangereux que le repos, pour une armée sur pied de guerre. Et le parti communiste reste sur le pied de guerre. Pas seulement à Paris, dans la région parisienne, mais aussi dans toute la France. Dix ans après notre opération « 7e arrondissement », je rencontrais des militants du Limousin qui veillaient encore tendrement sur leurs arsenaux recouverts de paille. C'est que les noyaux des communistes d'avant-guerre qui ne pouvaient plus croire aux belles perspectives électorales, les combattants des F.T.P., tous ces « durs » comptaient beaucoup plus sur les mitraillettes que sur les combinaisons ministérielles.

Dans ce climat d'affrontement entre les « légalistes » et les « expéditifs » Maurice Thorez revient à Paris. Quel « Vél-d'Hiv » ! Archi-plein. Une liesse toute de religiosité. Fleurs, vivats. Maurice-Maurice-Maurice. La multitude est debout. Les mains battent. Les visages font des bandes claires, dans la pénombre de l'immense ceinture des gradins du « Vél-d'Hiv ». Que dit donc Maurice Thorez ? Il dit que la boussole était tenue fermement entre les mains de la direction. Une direction multiple : lui près du bon Dieu à Moscou, Jacques Duclos en France, André Marty à Alger talonnant de Gaulle. Quelle merveilleuse ingéniosité ! L'admiration éclate sur les visages. Oui, nous en avons de la chance de posséder une telle science de la politique, et des dirigeants aussi experts à appliquer les lois et enseignements du matérialisme scientifique. Pas de doute, le raisonnement communiste est tout de même autrement plus sûr que l'empirisme « au fil des événements » des partis bourgeois. Comment résister à cette évidence ? Comment ne pas se sentir fier d'appartenir à ce parti qui a su analyser si justement les mécaniques de la politique, et qui excelle à choisir toujours la bonne solution ?

Maurice Thorez n'a pas besoin de poser la question. Ici, ce soir, au creuset de ce prodigieux mouvement révolutionnaire de la France, et vraisemblablement de l'Europe occidentale, nous sommes des dizaines de milliers à croire que le vieux monde ne tient plus que par des lambeaux. La révolution est imminente. Il ne faudrait pas se hausser démesurément, pour apercevoir les premiers feux des « lendemains qui chantent ». Nous avons tout ce qu'il faut à une civilisation pour venir au monde : un credo enrichi à la fois de textes de référence, de sagas, de justificatifs, et tout un panthéon de héros. Sur la toile de fond de nos 75 000 fusillés, se détachent les sublimes tragédies antiques de Gabriel Péri, Guy Moquet, Timbaud, Desnos, Sampaix. Pour les héros de l'avant-scène, Aragon a su écrire des poèmes irrésistibles, mariant les vieux cultes aux jeunes amours. « Je vous salue ma France aux yeux de tourterelle » annonce le *Si c'était à refaire, je referais ce chemin* de Gabriel Péri, et « Celui qui croyait au Ciel, celui qui n'y croyait pas ». Oui c'était bien la « Diane française » des nouveaux jours.

Aragon s'emparait de notre cœur le berçant ou le stimulant pour les épopées à venir. Joliot-Curie et, au-delà de ce grand savant, la rassurante sollicitude de Pierre et Marie Curie, combattants du cancer, prouvaient que le communisme était enfin l'humanité sage, celle qui sait, et se confie à la science. Avec Picasso, nous exhibions notre sensibilité artistique, que confirmaient de bons acteurs de théâtre ou de cinéma. Parti des fusillés, parti des artistes, parti des intellectuels, parti de la classe ouvrière, parti de la patrie « profanée », le parti communiste ne laissait personne indifférent. Ceux qui n'avaient pas sa carte ou son insigne brûlaient d'envie de lui faire risette. François Mauriac lui avait une fois pour toutes apporté sa caution. Maurice Druon, l'un des auteurs du célèbre *Chant des Partisans,* ne dédaignait pas de présider des congrès du Mouvement de la Paix, l'une de ces géniales organisations satellisées du Parti.

1945 : Année de la structuration du parti, avec l'apparition des talents qui sont susceptibles de s'épanouir plus tard, et de donner le jour à des cadres en grand nombre. Chez les intellectuels, la moisson est riche ; très vite se détachent des sujets de classe : Pierre Courtade, Pierre Hervé, Kriégel-Valrimont, Jean Pronteau, J.-P. Vernant, Jean Desanti, etc.

1946 : Année de mise en place des nouveaux cadres. On a accéléré la formation, par la multiplication des écoles de cadres. Personnellement je suis les cours d'une école de section en 1946, et de l'Ecole fédérale en 1947.

1947 : La question se pose clairement d'une prise du pouvoir par la force. Responsable du Comité de Parti de la Radio-Diffusion française (R.D.F.) et secrétaire général de l'Intersyndicale de ce même organisme, ma mission est de mobiliser les cadres dirigeants qui seraient capables de se saisir de l'appareil technique, en cas d'insurrection. Notre petit groupe comprend notamment un ingénieur très compétent pour ce qui concerne les émetteurs (Dabouineau), un responsable des artistiques (Mangin), une représentante de la fédération du spectacle (Monique Bourget). Les réunions se multiplient à la Fédération de Paris (120, rue Lafayette), où nous montons et démontons une multitude de schémas d'action. Dabouineau a bien vite le sentiment que le camarade qui nous reçoit est nettement incapable, et même puéril. Il nous fait part de ses doutes, quant à la sagesse de ces exhortations à l'aventure.

« Bon, vous prenez le contrôle de l'émetteur de Villebon... Là, il y a un studio. Alors c'est de ce studio que nous lançons l'appel au peuple de France...

— Oui, objecte Dabouineau, mais les autres émetteurs coupent. Notre émission dépasse à peine la région parisienne. »

Ouh ! le vilain défaitiste, le sale timoré, l'agent de l'ennemi de classe ! Francis Crémieux est pour l'exclusion de Dabouineau. Moi aussi, Léon Bataille aussi, Berthe Steinberg aussi, Serge Nat aussi, etc. Et ce pauvre Dabouineau, honnête homme, militant loyal, est jeté aux ordures.

1948 : Nous souhaitons le coup dur. Les stratèges sont convaincus que le gouvernement Ramadier se laissera bousculer et se retirera. Nous sommes fascinés par le « coup de Prague ». Francis Crémieux qui est allé là-bas nous gonfle à bloc. Francis Crémieux n'exerce aucune responsabilité politique définie dans le parti. Il s'est simplement donné une stature qui lui permet d'agir en père putatif des communistes de la radio. Fonction usurpée, qu'il partage avec le brave André Ulmann, journaliste voisin de la *Tribune des Nations*.

Nous voyons ainsi se créer une aristocratie de ci-devant qui transmettent des instructions, rédigent des rapports. C'est un peu le réseau privé de Louis Aragon, au sein même du parti. Un peu plus tard, Crémieux paiera cette allégeance à Aragon, quand seront créées les émissions clandestines des « voix de la Paix ». Il ne figurera pas dans cet organisme, où René Andrieu effectuera ses premières armes de rédacteur en chef politique.

Etant chargé des émissions pour la jeunesse à la Radio-diffusion française, je saisis l'occasion de répercuter l'appel des jeunes dockers de Marseille qui ont déclenché une sorte d'insurrection. Ils sont ce soir même au « Vél d'Hiv », pour exciter Paris. L'enregistrement est confisqué. C'est le début de l'épreuve de force à la Radio. Il faut multiplier les prises de paroles, dans les cantines, dans les rédactions des divers journaux, dans les salles techniques. Sans doute en avons-nous trop fait : les réactions du personnel sont molles. Les vieux réflexes sociaux-démocrates jouent à fond. Nous croyions que les socialistes étaient vermoulus. Erreur : ils ont mangé du lion.

Pied à pied, dans les réunions syndicales, ils nous répliquent. A nos tracts qui les insultent, ils répondent brutalement faisant le coup de poing. Nous émergeons du lot commun, avec le visage de militants sectaires, brutaux, acharnés à avoir raison. Curieusement, j'observe que plus nous nous isolons, plus nous avons envie de cogner, d'afficher notre supériorité. C'est la morgue des puissants, des riches, des vainqueurs. L'Union soviétique a la bombe, les Américains se font ridiculiser en Chine. Le verrou est tiré sur Prague. Nous souhaitons la déflagration, ici en France, ou même sur une échelle plus vaste. Churchill l'a compris. De Gaulle le dit et le redit. Le romantisme révolutionnaire coule à pleins bords.

A la Radio-diffusion, nous coupons l'antenne à tout propos. Et cela fatigue tout le monde, à commencer par les gens de notre propre maison. A l'extérieur, la grève gagne des secteurs décisifs. Nous bouillons d'impatience. Le parti est visiblement mal à l'aise, partagé entre deux tendances. Les vieux briscards savent d'expérience qu'on ne maintient pas longtemps tout un prolétariat sur le pied de guerre. Les jeunes ont tendance à se croire encore en pleine guerre de maquis.

Deux hommes vont alors jouer de manière décisive. L'un est connu : Jules Moch qui ne s'en laisse pas compter, et a la chance de diagnostiquer très tôt la situation telle qu'elle se présente réellement. Le deuxième homme est Vital Gaymann. Directeur de l'information radiophonique, à cette époque, il a su mobiliser son outil, et l'utiliser efficacement à une patiente érosion du moral des ménagères, épouses des grévistes. Il est certain que la faillite de la grève des mineurs du Nord a résulté de la pression des femmes qui n'avaient plus rien à mettre dans la marmite.

Comme Vital Gaymann avait été secrétaire général de *l'Humanité,* avant la guerre, et adjoint d'André Marty, durant la guerre civile espagnole, il connaissait admirablement les détails de la stratégie et de la tactique communistes. Nous avions donc affaire à forte partie, dans notre action militante à la radio. Nous ne faisions pas de cadeau, dans notre combat politique. Je lui ai néanmoins conservé toute mon estime, et même mon amitié. De même qu'à André Viot qui fut notre principal adversaire, dès lors qu'il anima le journal *Force Ouvrière.* L'année 1948 fut désastreuse, car elle révéla finalement la faiblesse du parti, face à l'appareil politique de l'adversaire. Le pays ne prêtait guère attention à nos litanies. Les élections restaient figées autour de la moyenne de 21 pour cent des voix, même pas 11 pour cent des inscrits.

Cette constatation me tourmenta, j'en fis part en conférence de section. Mon ami Roger Garaudy admit, assez courageusement à cette époque, qu'il y avait en effet « un problème ». Le problème ne nous empêcha guère longtemps de dormir. Nous entrions dans la « guerre froide ». Alors là, finies les opérations de commandos. Plus de harcèlement : la bataille rangée. Le parti, les syndicats C.G.T., le mouvement de la paix, « Vél d'Hiv », « Mutualité », « Huyghens », « Pleyel ». Nous ne psalmodions plus de belles messes, avec projecteurs et plantes vertes. C'est la bagarre dans la rue. La guerre de Corée ne serait-elle pas le prélude à la vraie guerre planétaire, dont l'Union soviétique semble parfois avoir peur, et parfois souhaiter l'affrontement décisif ? A la salle de la Rotonde, Maurice Thorez nous avertit dramatiquement : la paix est comme suspendue à un fil. Et au « Vél d'Hiv » qui suit immédiatement après, Jacques Duclos aborde la tribune avec une solennité exceptionnelle. Il tient cette tribune à pleins bras, comme si elle était une amante. Le regard droit devant lui, il s'écrie, avec le ton syncopé de son emphase préférée : « Non, le peuple de France ne fera pas, il ne fera jamais la guerre à l'Union soviétique. » La foule est transfigurée. Les frissons me parcourent le dos. J'applaudis, ivre de ferveur.

Et en sortant de cet ample vaisseau-cathédrale de la rue Nélaton, je me sens tout bête de prendre le métro, de retrouver la nuit indifférente de Paris. Mais enfin, que leur faudrait-il, à ces gens que je croise, pour qu'ils comprennent la nature du fantastique bouleversement qui se prépare ? Le pire, dans mon existence de communiste, ce fut cette incessante oscillation verticale qui me promenait alternativement des sommets de la foi et de l'épopée, aux affligeants gouffres de l'indifférence et de la veulerie des masses. Je comprenais alors parfaitement la logique stalinienne. J'étais d'ailleurs passionnément stalinien. Comment ne l'aurais-je pas été, puisque Staline était justement le modèle de l'homme qui ne s'était jamais trompé ? Il avait planté notre drapeau sur les ruines du palais du Reichstag, à Berlin. J'étais allé là-bas, en 1947. J'y avais rencontré Max Reiman, ce communiste allemand qui avait combattu contre les armées de son pays, dans les maquis de mon pays. Voilà une rencontre qui a pesé lourd dans mon obstination de communiste. Il n'y avait pas moyen d'être un véritable communiste, en se contentant d'embrasser seulement les problèmes de son propre pays. Le patriotisme des communistes ? oui, à la condition que les communistes n'aient pas à choisir un jour entre leur pays encore en système capitaliste, et un pays à système communiste. Telle était notre mentalité, quand nous proclamions que « le peuple de France ne fera pas, qu'il ne fera jamais la guerre à l'Union soviétique. » Je me souviens de Jeannette Vermersch, épouse de Maurice Thorez, revenant du Vietnam, où l'armée française menait une guerre énergique. M. Frédéric Dupont s'était étonné que « Mme Vermersch, député française », ait embrassé ostensiblement à Hanoï une combattante vietnamienne qui venait d'être décorée pour une action militaire particulièrement meurtrière contre des soldats du corps expéditionnaire français. Et Jeannette avait crânement répondu : « Mais oui, M. Frédéric Dupont, j'ai embrassé cette Vietnamienne, ma sœur... » Il était donc bien entendu que nous avions choisi notre camp : les Vietnamiens contre les militaires français.

C'était la logique de la guerre froide. Nous étions engagés dans une succession d'assauts qui allaient devenir progressivement de plus en plus sévères. En 1950, les gouvernements d'Europe occidentale décident de clarifier la situation : plus de communistes à des postes de direction ou d'influence. A la Radiodiffusion française, c'est le licenciement de toute notre équipe dirigeante du parti : Jean Vidal, Serge Nat, Pierre Halbwachs, Berthe Steinberg, moi-même, à l'exception de Francis Crémieux, qui, lui, ne sera jamais révoqué.

Convocation au « Quarante-quatre ». Je suis reçu par le secrétaire de Jacques Duclos. Je fais la connaissance d'un autre camarade qui travaillait jusque-là dans une firme de publicité radiophonique. Notre mission est précise : mettre sur pied, dans les délais les plus rapides, un organisme qui réalisera des programmes quotidiens de propagande radiophonique. Nous disposerons des émetteurs « grandes ondes » de Prague, et des émetteurs « ondes courtes » de Budapest et Varsovie. En moins d'un mois, nous sommes prêts. Les équipes de journalistes communistes de la radio sont sur place, à Prague, à Budapest, et à Varsovie. A Paris, nous commençons à deux, puis nous recevons en renfort un « responsable politique » qui sera vite remplacé par René Andrieu. André Carrel arrivant de son exil de Marseille se remet à la vie parisienne.

Une période passionnante dans ma vie professionnelle, mais aussi de l'amertume. L'amertume de nous heurter aux vieilles coutumes de l'appareil. Notre administrateur, plus ou moins commissaire politique, est d'une insuffisance affligeante. Il nous coupe les jambes. Nous faisons une radio confinée, sectaire. Nos plus grandes audaces consistent à commander des reportages à Roger Vaillant, et des chroniques à Georges Soria ou à André Wurmser. Le patronat communiste est impitoyable. « Voici ce qu'il faut dire, surtout ne dites pas cela. » Le plus extraordinaire est que je trouvais cela tout à fait normal. L'esprit de corps. J'avais l'esprit de corps.

Pendant cinq ans, nous avons donc soir et matin meublé les deux ou trois heures de programmes quotidiens des « Voix-de-la-Paix ». Lorsque les Russes ont décidé de cesser la guerre froide, ils ont fermé nos antennes de « Ce soir en France » et de « Oggi in Italia ».

Emmanuel d'Astier de la Vigerie m'a raconté, plus tard, de quelle manière se termina le privilège des partis communistes français et italien, qui, seuls en Europe occidentale, avaient été ainsi dotés, par Moscou, d'une infrastructure radiophonique de grande envergure. L'affaire fut réglée, à la fin de 1954, au cours d'une réunion des instances suprêmes du Mouvement de la Paix. Ilya Ehrenbourg qui dirigeait la délégation russe indiqua simplement à la délégation française que Moscou renonçait à utiliser plus longtemps cette arme radiophonique de la guerre froide. Les risettes russo-américaines allaient effectivement s'esquisser, quelques mois plus tard.

Me voici donc dans le bureau d'André Stil, alors rédacteur en chef de *l'Humanité,* où la section des cadres m'a affecté. « Je te propose d'être chef de la rubrique culturelle du journal. » André Stil est un homme de contact. Expéditif, rêveur aussi, sensible aux compliments, travailleur acharné, capable de froideur, et peut-être même de cruauté, ce garçon me fait l'impression de savoir bien piloter son destin. Je ne m'étais pas trompé.

Comme nous entrons dans une période électorale, André Stil estime que je devrais commencer mes fonctions par un tour de France, aux côtés de nos candidats les plus valeureux. Excellent, pour un intellectuel, de se frotter au concret des grandes entreprises. Me voici dans le Périgord, avec Yves Péron : homme de grande intelligence, dans le Lot avec Waldeck Rochet et Tamier, dans l'Hérault avec Calas, dans le Var, puis dans le Rhône. Mon périple se termine dans la région parisienne, à Trappes. J'y accompagne Waldeck Rochet, avec qui je me sens en réelle affinité. Le secrétaire fédéral, et presque tous les membres du comité fédéral accueillent Waldeck Rochet. Un certain sentiment de malaise apparaît assez distinctement. Il s'amplifie, au fur et à mesure que s'approche l'heure du meeting. Finalement, le secrétaire fédéral prend son courage à deux mains :

« Nous n'aurons peut-être pas grand monde aujourd'hui, car la télé passe un film avec Raimu. Les camarades ont l'impression que ça va nous faire du tort. »

Effectivement, la salle était plus que clairsemée : à peine une centaine de personnes. Même pas le tiers des membres adhérents du parti. Au retour, dans la voiture, Waldeck nous avertit dans ces termes : « La " 4 chevaux " nous a fait déjà beaucoup de tort, en désorganisant l'action militante de la fin de semaine. La télévision va concurrencer tous les soirs nos réunions. Et il faudra s'attendre à d'autres ennuis encore bien plus graves... » Je crois que Waldeck Rochet prévoyait l'inévitable irruption de *deux* obstacles nouveaux, dans un proche avenir : l'exigence culturelle accrue d'une jeunesse bénéficiant de la scolarité prolongée, et l'accession des ouvriers à la propriété immobilière. Ces deux particularités de notre époque sont partiellement responsables de la stagnation du Parti, à partir de 1955 ; elles jouent un rôle évident, en faveur de l'essor du parti socialiste et de l'extrême gauche « intellectuelle ».

L'ambiance de *l'Humanité* des années 50 est agréable. Une pléiade de rédacteurs de talent tient en main l'essentiel du journal. Hélène Parmelin, en liaison quotidienne avec André Marty, s'occupe tout spécialement de la campagne pour la libération d'Henri Martin. Ce jeune Berrichon symbolise l'alliance du parti communiste français avec le Viet-minh. Hélène Parmelin s'entend assez mal avec André Stil ; il y a entre eux l'incroyable favoritisme dont *l'Humanité* accable Fougeron, peintre de petite envergure qui professe un absolu conformisme au « réalisme socialiste ». Pignon, le mari d'Hélène Parmelin, a eu la bonne idée de prendre ses distances avec la peinture puérile des bons prolétaires et des affreux policiers du service d'ordre.

Catherine Varlin, elle, s'est vouée à la cause des Rosenberg, une famille américaine que la guerre froide va précipiter dans la mort. On accuse les Rosenberg d'avoir transmis aux Russes des secrets concernant l'arme atomique. *L'Humanité* réussira à mobiliser une importante partie des Français, pour la défense des Rosenberg. Juché sur le toit d'une camionnette, je réalise le reportage radiophonique de la grandiose manifestation de la place de la Nation, pour Radio-Prague, Radio-Varsovie, et Radio-Budapest. Ce fut un des événements les plus poignants de toute ma carrière d'homme de radio.

Jean-Pierre Chabrol, dont la télévision a amplement répercuté la truculence et la fausse modestie, a grimpé très vite au faîte du talent de reporter. Un style balzacien, avec de temps à autre les coups de cymbale et le sanglot du père Hugo. Chabrol supporte assez bien les jalousies quasi unanimes des petits rédacteurs de *l'Humanité*. Car, parallèlement aux aristocrates que sont Hélène Parmelin, Catherine Varlin, Jean-Pierre Chabrol, Jean Récanati, Alain Guérin, Pierre Courtade, il y a la piétaille des petits rédacteurs plus ou moins anonymes. Et les deux groupes ne se ménagent guère.

L'art d'André Stil est finalement de jouer tantôt avec un groupe, tantôt avec l'autre. Mais, un jour, il faut choisir. Les événements, la ligne du Parti pressent d'éliminer tel ou tel groupe. On ne sait jamais exactement de quelle façon se tissent ces grandes décisions d'épuration, dans le Parti. L'orage s'est préparé en catimini, pendant que nous dormions quiètement. Et au petit matin, c'est le badaboum tonitruant : « André Marty était un flic... » Adieu le glorieux « mutin de la mer Noire », « le vaillant officier qui a eu le courage de prendre le parti de la Révolution d'Octobre »... Après Marty, c'est Lecœur « admirable organisateur de la grève des mineurs », homme de confiance de Maurice Thorez. Puis, c'est Charles Tillon, « héros de la lutte armée des Francs-Tireurs et Partisans ».

La trappe est béante. On y précipite d'année en année, par vagues successives, les dirigeants qui ont cessé de plaire. Plaire à qui ? A deux femmes : Jeannette Vermersch et Elsa Triolet. Pendant six ans, ces deux dirigeantes occultes ont littéralement investi le parti communiste français. Jeannette Vermersch a tenu l'appareil technique, grâce à la caution des Russes, *via* son mari Maurice Thorez. Et Elsa Triolet a gouverné l'ensemble des organisations intellectuelles du parti, par l'intermédiaire de son époux Louis

Aragon. Jeannette Vermersch a décidé toutes les purges des années 50, décapitant le parti de ses généraux les plus compétents. Elle a sans doute craint que ces hommes ne deviennent tôt ou tard les concurrents directs de son mari gravement malade, et condamné à un long exil en Russie. Quant à Elsa Triolet, elle a obéi purement et simplement à la passion du pouvoir.

J'ai toujours été surpris de l'importance que l'on a donné à Louis Aragon, dans les instances de direction du parti. Cet homme a été mon réel patron pendant cinq ans. Il surgissait dans mon bureau, de préférence le soir tard. Ne s'asseyant jamais, le voici qui marche de long en large, parlant avec ce serrement des dents qui lui fait une irritante affectation du langage. Il parle, parle, sans jamais tolérer qu'on essaie de placer un mot. Il est venu ici pour parler. Plus exactement pour s'écouter parler, et voir comment un auditeur accessoire réagit à son discours.

Nous sommes en pleine crise, avec les intellectuels du parti. Les médecins se rebellent, conduits par Yves Cachin et Kriegel. A la salle de la Rotonde, au 120 rue Lafayette, où nous nous rendons avec Laurent Casanova, c'est tout juste si Casanova est autorisé à dire quelques mots. Même situation, lors de notre rencontre avec les ingénieurs. Louis Baillot a toutes les peines du monde à se faire entendre. Une formidable rancœur anime les intellectuels du Parti ; elle est la conséquence du silence persistant des dirigeants, à propos de la Hongrie, du XXe Congrès du P.C. soviétique, et de la dénonciation du stalinisme par Khrouchtchev. A propos aussi des crimes de sang, dans les pays de « démocratie populaire ». Le sursaut d'indignation atteint la rédaction de *l'Humanité.* Ici et là, des rédacteurs se laissent aller à exprimer leurs véritables sentiments. Et ces paroles imprudentes reviennent aux oreilles de la direction. Etienne Fajon doit nous frotter les oreilles, et éventuellement se montrer ferme.

Un mardi, à la réunion de rédaction de 16 heures, avant de nous libérer, Etienne Fajon se compose un visage de circonstance :

« Oui, je voulais vous dire, certains d'entre vous ont raconté à l'extérieur qu'ils étaient plus ou moins d'accord avec le parti. On n'est pas " plus ou moins " d'accord. On est d'accord totalement ou on ne l'est pas, quand on travaille à *l'Humanité.*

— Mais... » dit André Wurmser, qui a sans doute voulu faire un de ses mots habituels.

« Il n'y a pas de " mais ". Plus on a de responsabilité ici, plus on est tenu à la discrétion et au sens des responsabilités. »

A la suite de cette admonestation, les coupables sont convoqués individuellement dans le bureau d'Etienne Fajon, pour s'y faire chapitrer. Il y aura deux ou trois sanctions, dont celle qui frappe Paul Tillard.

Paul Tillard a autorisé *l'Express* à publier des bonnes feuilles de son dernier roman. On n'a pas apprécié cette liberté à la direction du parti. Résultat : ce camarade, réel héros de la Résistance, déporté, se trouve du jour au lendemain rejeté de son Parti. J'en suis fort triste, car j'ai pu découvrir la pureté de

Tillard. Mais j'en verrai bien d'autres de ces « opérations chirurgicales » qui doivent assurer, paraît-il, la force du parti.

Les réhabilitations qui vont bon train, dans les démocraties populaires, ont créé un fameux désarroi. Elles nous ont enlevé la belle assurance en l'infaillibilité du parti, et plus généralement dans la science infinie du communisme. Personne ne remet en cause son engagement, car chacun de nous a conscience d'appartenir à une armée malade, mais à une armée assiégée. Et la fidélité à l'armée assiégée l'emporte sur les amertumes qui, désormais, empoisonnent mon existence. Je commence vraiment à me demander si je n'ai pas perdu de nombreuses années de mon existence, en subordonnant tout à ce parti et à cet idéal.

Comme cela fait mal de se surprendre un jour à douter, à ne plus se sentir en sécurité. Pourtant j'ai gardé le souvenir de cette extraordinaire journée passée avec Marcel Cachin, alors que j'enregistrais ses mémoires, pour en réaliser des disques. Marcel portait un châle épais, dans un bureau surchauffé. Et il trottinait, à la recherche de tel document, d'un objet-souvenir. J'aurais écouté cet homme pendant des jours et des jours. Il parlait une langue admirablement construite. Sa mémoire était restée d'une fidélité stupéfiante ; au point qu'il se souvenait des principaux passages d'un de ses discours au Pré-Saint-Gervais, en 1914. Le vieil amoureux du beau langage qu'était Marcel Cachin n'usait jamais d'un mot de jargon. Il se gardait de tutoyer les camarades. On le sentait profondément attaché à son pays, à sa culture, à notre Histoire, et indifférent à ce modèle cosmopolite du communisme façon « komintern », ou plus tard « kominform ». Sans doute son exemple a-t-il influencé Maurice Thorez qui s'est efforcé, lui aussi, de retrouver la manière classique de s'exprimer. Dans les discours officiels du moins. Il est vrai que ces discours s'inspiraient résolument des sermons de Bourdaloue, de Lacordaire.

Laurent Casanova avait appris à Maurice Thorez la grandeur et l'envoûtante beauté de ces chefs-d'œuvre de la langue. D'ailleurs Casanova tirait l'essentiel de son art oratoire de cet enseignement. Il y ajoutait le bouleversant arrangement de la voix et du geste qui était la marque de l'un des plus grands orateurs que le communisme international ait jamais possédés.

Mes fonctions à *l'Humanité* impliquaient de fréquentes relations avec Laurent Casanova. C'est un peu à travers ces relations que j'ai observé la dégradation progressive de la foi de nos intellectuels. Combien d'entre eux ont alors quitté nos rangs ? Dix mille, vingt mille ? Pierre Courtade lui-même disait que le plus beau cadeau qu'il pouvait offrir au parti communiste français était d'en rester membre. Il maintenait son engagement, par fidélité à son passé, sans y croire. Sa veuve a loyalement exprimé le testament intellectuel et politique de cet homme de talent, dans son ouvrage sur leur séjour commun en U.R.S.S.

Le premier dirigeant du Parti, à qui je me suis

ouvert de mes troubles, fut Roger Garaudy. Le hasard de l'intendance d'un congrès communiste nous avait placés dans une chambre commune, chez des particuliers à Helsinki. Je connaissais Roger depuis bien longtemps : depuis mon arrivée à Alger, en 1943. J'avais eu souvent l'occasion de converser avec lui. Je me rappelle cette chambre lambrissée de sapin, au parquet encaustiqué. C'est donc là que, surmontant mes craintes et mes pudeurs, je dis à Roger que je commençais à douter de mon cheminement. Il avait comme moi, et mieux encore que moi, l'expérience de l'Union soviétique.

J'attendais, angoissé, la réponse de Roger. Elle confirma mon propre tourment. Enfin, je pouvais constater que, même au Bureau politique, dans le saint des saints, il y avait aussi une tête qui s'interrogeait. Un homme de premier plan, investi des plus hautes responsabilités doctrinales, dans le Parti, ressentait les cahots annonciateurs d'un très mauvais chemin.

Ce ne fut pas encore ce jour-là que je résolus de partir. La cause définitive de mon départ se présenta au moment où je ne m'y attendais pas. Le commissariat à l'Energie atomique avait décidé d'immerger des fûts de déchets des réacteurs de Marcoule. J'assistai à une conférence du docteur Jammet qui nous affirma que cette immersion était rigoureusement dépourvue de tout danger. Mais je voulus aller à Marcoule. On finit par me donner l'autorisation, bien que je sois journaliste à *l'Humanité.* Et à Marcoule, je pus mesurer le taux de radio-activité des empilements des fûts. C'était dérisoire. Je me fis donc photographier, perché sur une pyramide de fûts prêts pour l'immersion. Et j'écrivis dans *Paris-Presse* un article approuvant l'immersion des fûts de Marcoule. Aussitôt René Andrieu me téléphona :

« Tu as trouvé ton point de chute. »

Ce furent ses dernières paroles. Il avait été pourtant un ami de dix années.

Etienne Fajon avait écrit intégralement ce qu'il était chargé de me dire :

« Je soutenais délibérément la politique gaulliste, en matière atomique, allant jusqu'à justifier les immersions de déchets radioactifs. Je ne tenais pas assez compte des appréciations du parti... »

Tant de sottises me hérissèrent. Je n'avais aucun rapport avec qui que ce soit du parti gaulliste. J'étais vraiment un orphelin. Vingt-quatre années de ma vie vouée au communisme s'achevaient ainsi, dans la solitude, le vide, la tristesse. Je sortis du bureau de Fajon, sachant que je ne viendrais plus jamais dans cette maison. Le gardien du rez-de-chaussée qui se passionnait depuis 1957 pour les exploits spatiaux fut le dernier visage amical que je vis, de ce journal que j'avais tant aimé.

CHAPITRE III

Orphelin

Comment orienter ma vie ? Rester dans le journalisme ? Je me suis voué à ce métier, une fois pour toutes. On n'a pas de grandes chances d'y réussir, en dehors de la presse du parti, quand on a comme moi un passé notoire de militant. Plusieurs demandes d'emploi restent sans réponse. Je n'ai pas envie de m'intéresser au journalisme politique, et encore moins de devenir l'un de ces spécialistes de l'anti-communisme qui brillent le temps d'écrire un papier-règlement de comptes.

Mon intention n'est pas de livrer sur la place publique ce qui est mon drame intime. J'ai cru passionnément au communisme, et le pays où règne le système communiste révèle un échec total. Echec également dans les « démocraties populaires ». Echec à tous points de vue, mais surtout échec humain. L'homme est aussi seul, aussi floué, aussi miséreux, aussi malheureux que dans les autres pays. C'est la certitude que jamais l'accomplissement heureux de l'être humain ne sera l'œuvre d'une société, d'une idéologie. Le bonheur est décidément une affaire strictement personnelle.

L'impétueux développement de l'astronautique, et plus généralement la progression rapide des sciences, qui me fascinent personnellement depuis bien longtemps, vont favoriser mon destin professionnel. Grâce à mon vieil ami Jean Luc, directeur des programmes de Radio-Luxembourg, je crée la première émission « grand public » de vulgarisation scientifique, en langue française. Le succès de cette émission « Promesses de la Science » est tel que nous passons rapidement au stade plus audacieux de l'émission de grande écoute, hebdomadaire, « Aux Frontières de l'Inconnu ». Une émission qui tiendra l'antenne, sans désemparer, pendant douze ans.

Nos micros s'aventurent dans mille directions. Ils sont simultanément à Moscou, à Cap Canaveral, dans l'Arctique, au sommet des plus hauts volcans du monde. En deux ou trois ans, nous avons récolté des lauriers un peu partout : les premiers à avoir franchi le « mur du son », les premiers à avoir plongé bien au-delà des profondeurs atteintes par les sous-marins ordinaires.

Le courrier des « Frontières de l'Inconnu » est devenu aussi volumineux que celui des meilleures émissions de variétés de Radio-Luxembourg. Je me rue sur le travail, avec une sorte de boulimie. Comment expliquer cette métamorphose psychique ? Peut-être l'envie de démontrer à moi-même, à mes proches, et aussi à mes anciens camarades, que je suis capable de réussir dans un autre domaine que celui de la politique du parti. A dire vrai, je n'ai jamais réussi à déterminer clairement les raisons profondes de ma frénésie du travail, et mon ardent désir de la réussite professionnelle. Tout ce que je sais est que ce bouleversement de ma mentalité remonte à l'époque de ma rupture avec le parti communiste.

Je crée une agence de presse qui se spécialise dans l'explication et le commentaire des événements scientifiques. Le succès est rapide. Mon animosité envers le parti communiste est si douce que je prends avec moi, comme gérant, Pierre Juin qui est mon successeur à la rubrique culturelle de *l'Humanité*. Mais, au bout de quelques mois, le parti s'avise de cette anomalie, et Pierre Juin démissionne de ses fonctions de gérant. Désormais, les péripéties se déroulent à un rythme précipité. Une délégation vient me rendre visite chez moi. Elle comprend Chambaz qui est maintenant chargé de suivre les affaires concernant le travail du parti dans les milieux intellectuels, Dobrénine de la Section des cadres, au Comité central, et un responsable du 9ᵉ arrondissement.

Objet de cette visite : Savoir ce que j'ai l'intention de faire à l'avenir. Me comporterai-je en adversaire, ou bien serai-je neutre, ainsi que le sont des milliers d'autres « désenchantés » qui n'ont admis ni Budapest, ni « le complot des blouses blanches », ni les exécutions staliniennes... Je serai donc neutre, puisque je n'ai nulle envie de piétiner ce que j'ai adoré si longtemps, et avec tant de ferveur. Amoureux bafoué, je respecterai l'objet de ce qui fut réellement un grand amour de ma vie. En adhérant au parti, j'ai tout engagé. Tous les risques qu'il fallait prendre, je les ai pris. Je fus l'un des révoqués des années 50. J'ai vécu pauvre. Volontairement, et avec joie. J'aurais tout aussi bien fait des sacrifices plus importants, s'ils avaient été réclamés par le parti.

Voici ces anciens camarades assis en face de moi. Ils semblent en paix, eux. Chambaz a son bon gros visage de professeur. Dobrénine a quitté ses affaires du 10e arrondissement, pour devenir un homme de l'appareil. L'autre visiteur accompagne pour la forme, puisque je suis l'un de ses ressortissants du 9e arrondissement. Nous ne nous mesurons pas. A quoi bon ? Ils savent que quoi qu'ils disent, je ne reviendrai pas sur ma décision de partir. Je possède l'expérience de l'univers communiste, qu'ils n'ont pas. Je suis devenu de marbre à l'égard de tout ce qui touche à la propagande du parti. Je me demande même comment j'ai pu accepter des rabâchages aussi sommaires, des slogans aussi mécaniques.

Intelligent jusqu'au bout des ongles, Chambaz ne tente pas de discuter. Il a compris d'emblée que je n'écrirai pas un seul mot de dépit. Il est venu ici pour me réclamer cette promesse.

J'ai déjà raconté comment le patron de Radio-Luxembourg, M. Tabouis, m'a envoyé à Moscou, pour y assurer le reportage du retour triomphal de Gagarine, sur la place Rouge, le 14 avril 1961. Le retentissement de cette émission publique laisse *l'Humanité* absolument indifférente. Je connais trop la maison pour ne pas comprendre que ce silence a été décidé en haut lieu. D'ailleurs, *l'Humanité* ne tardera pas à prendre officiellement ses distances. Sous le prétexte de répondre à un lecteur qui s'interroge sur certaines de mes positions, sans doute envers les Américains, dont je parle assez souvent avec admiration, et même avec sympathie, *l'Humanité* réplique que je ne suis plus attaché au journal, et que je ne suis plus membre du parti. Elle ajoute que mes commentaires n'engagent donc ni *l'Humanité* ni le parti. C'est tout. Je suis enterré. Le divorce est prononcé. En termes modérés, on a satisfait au rituel. Etre seul, soudain seul, quand on a eu tant d'amis : c'est une situation affreuse. Le tutoiement fraternel qui ignore les années de différence d'âge, les passés divers, les frontières nationales : tout cela est fini. Ce sont des décombres, les décombres de ma maison d'hier. Je ne participerai plus à ces cérémonies de groupes, au sein desquelles jaillissait souvent la ferveur. Et l'espérance, comme c'était bon d'étayer en commun nos attentes, nos illusions... Les lendemains qui chantent : Gabriel Péri avait bien saisi toute la majesté de la foi des communistes dans le jour qui va suivre. C'est peut-être d'ailleurs la navrante succession des déconvenues quotidiennes, de ces lendemains qui ne chantent jamais, qui finalement érode, puis détruit la foi !

La solitude. Ma bibliothèque a brusquement perdu son sens. Que m'importent maintenant les psaumes de Laxness, les mélopées d'Ehrenbourg, la musiquette d'Aragon, les lamentos de Stil ou les lilas de Gamarra ? Ces livres me sont devenus étrangers. Personne à qui téléphoner. Aucun dîner à proposer. La solitude, quoi !

Entre deux émissions de radio, sur la cime de l'Ekla en Islande, ou à l'orée du futur tunnel du Mont-Blanc, des souvenirs se faufilent tout de même. Le temps de ternir instantanément une insouciance qui arrivait à s'installer. Quelle est donc cette sorte de voix amère qui me tourmente périodiquement ? Deviendrais-je un solitaire orgueilleux ? Quelqu'un qui jetterait au visage des autres le défi sarcastique de son orgueil ? Ma frénésie de travail est certes une compensation, comme disent les psychanalystes. La compensation à ma solitude. Elle est aussi, et peut-être surtout une forme nouvelle de ma quête de quelque absolu : l'absolu de la réussite, de la création.

Je suis un créateur. J'ai la passion de créer. A peine une entreprise est-elle en plein essor, que j'ai déjà envie de lancer un autre édifice. Tant que j'ai porté ma croix de communiste défroqué, j'ai été littéralement possédé du besoin incoercible de créer. Il fallait que je me tue de travail, et que je cueille des lauriers de succès.

Et puis un jour, j'ai senti que je respirais mieux. Je me surprenais même à éprouver quelque émoi, en regardant les gens et les choses. La politique me faisait toujours l'effet d'un combat stérile, une agitation comique de pantins affairés à se donner des airs d'importance. Aucun parti, aucun mouvement ne me tentaient. Mais j'éprouvais un faible pour le général de Gaulle. Un faible qui venait des lointains de la Résistance, sûrement.

Un soir, j'arrive chez le Dr Salomon, ancien médecin des Francs-Tireurs et Partisans français

(F.T.P.F.), afin de participer à une réunion d'anciens du Parti. Il y a là une assemblée prestigieuse : un ancien préfet, d'ex-parlementaires, d'anciens directeurs de cabinet de ministres communistes...

Nous voilà bien vite embarqués de nouveau dans nos vieux délires. Jean nous fabrique l'image d'un nouveau parti communiste qui ne serait pas cela, mais ceci. Robert rêve d'un parti d'acier, mais qui serait réellement démocratique. De toute évidence, nous crevons de nostalgie. Nous sommes des religieux, en quête d'un autre ordre, ou d'un autre couvent. Il a suffi d'un rien, que nous nous interpellions trois ou quatre fois, en nous donnant du « camarade », pour que surgisse le climat liturgique des assemblées communistes d'hier.

Alors, ce soir-là, je comprends qu'il faut décidément recourir à la chirurgie : je romps les liens, même avec ces vieux amis qui resteront, leur vie durant, des prêtres excommuniés et sans paroisse. Il me semble que j'ai mieux à faire que de perdre du temps, dans des cérémonies plus ou moins schismatiques. En décembre 1960, je demande un visa pour les Etats-Unis, afin d'assister au congrès de l'Association américaine pour l'avancement de la Science. Refus de l'ambassade américaine de Paris. J'écris une lettre courroucée à l'ambassadeur. Finalement, on m'accorde ce visa, pour une durée de douze jours seulement. A l'heure actuelle, je suis toujours astreint au régime des « subversifs », pour séjourner aux Etats-Unis. Aucune importance, d'ailleurs. Les Russes, eux, refusent de me laisser pénétrer chez eux, depuis 1962. A une demande de visa me concernant qui était présentée par les patrons de Radio-Luxembourg, Jean Carlier et Michel Moine, leur interlocuteur soviétique Zikov a répondu qu'il était impossible de m'autoriser à entrer en U.R.S.S., du fait que je suis un agent américain. Assez cocasse, non ? Je trouve finalement que l'on peut être bien dans sa peau, sans prêter serment d'allégeance à l'un ou à l'autre de ces deux pays et systèmes. Néanmoins, je dois dire que la découverte de l'Amérique m'a enchanté. C'est vraiment un grand pays et une démocratie dans toutes les limites du possible. Quelle différence avec le monde gris et morose de la Russie !

De temps à autre, le destin m'oblige donc à me remémorer mon vieux credo, à ressentir mes vieilles sensations. A me souvenir, quoi ! Ces réminiscences deviennent de moins en moins poignantes. Je me durcis, sans doute. Tu es devenu un tiède, me dit un ami médecin resté au parti. Est-il vrai que je me mette à m'épaissir ? Je ne le crois guère. Quelque chose me brûle en moi. J'arrive vers les années 60-65, avec un succès professionnel qui ne se dément pas. Mon métier me passionne. De temps à autre, j'ai envie de faire le point, comme l'on dit. Pourtant, je me livre rarement à ce passe-temps.

Sans doute parce que j'éprouve une certaine appréhension de rencontrer le passé. Mais, le besoin du retour en arrière se fait de plus en plus pressant, et sans douleur. J'en viens enfin à disséquer ce passé, comme si je m'étais délivré de la douleur. Du moins de la douleur cuisante des plaies ouvertes. Non seulement, la cicatrisation est avancée, mais on en est aux démangeaisons qui annoncent la fermeture définitive des grandes blessures. A la bonne heure ! Peut-être aurais-je pu découvrir la joie de vivre, en me contentant de continuer ainsi à pratiquer un métier intéressant, à connaître enfin l'aisance matérielle, et à goûter le plaisir d'une culture que je pouvais acquérir à ma guise. Mais, le destin en a décidé autrement. Je fais la connaissance d'un homme qui va bouleverser ma mentalité. Le plus fort est que cet homme n'a rien voulu délibérément ; il s'est contenté de répondre à mes questions, de me laisser pénétrer dans son univers professionnel, et aussi de discuter quelques-unes de mes curiosités. Je n'ai jamais dit au Pr Leroi-Gourhan qu'il fut à l'origine de ma conversion religieuse. S'il n'a pas été réellement le mentor fondamental qui m'a révélé globalement le tableau complet de la filiation divine de l'Homme, ce que j'ai entrevu à ses côtés m'a littéralement empêché de dormir.

Voici l'histoire de cette fantastique aventure, de laquelle je ne sortirai plus jamais : en 1962, je dois réaliser une émission radiophonique, sur les origines et l'évolution de l'être humain. Premier temps : digérer les relations des divers points de vue sur cette question, notamment ceux de Piveteau, Arambourg, et Leroi-Gourhan. Je vois donc chacun de ces spécialistes, assez longuement d'abord. Puis je passe plusieurs journées avec eux. Camille Arambourg est le seul des trois qui s'explique l'Homme, sans le rattacher de quelque manière que ce soit à un dieu créateur. Il en va autrement avec Piveteau et Leroi-Gourhan qui, eux, sont déistes et croyants. André Leroi-Gourhan éprouve-t-il une sympathie pour moi ? Toujours est-il qu'il m'invite à participer à ses chantiers de fouille, dans la vallée de la Cure, et dans le bassin de l'Yonne. Là, sur le tas, les questions deviennent plus précises, plus détaillées. Notre dialogue cesse d'être purement scolastique, pour devenir personnel, puis amical.

Je m'assieds à même le sol, dans la cave du Pr Leroi-Gourhan, regardant celui-ci en train de rechercher les méthodes de taille du silex, qui auraient pu être celles des « Magdaléniens » de la vallée de la Cure. C'est émouvant, et aussi d'un esprit très « bricoleur ». A quoi tiennent donc ces belles certitudes scientifiques ? Nous sommes au temps où Camille Arambourg donne à l'Homme environ cinq cent mille ou six cent mille années d'âge. En tout cas moins d'un million d'années. On était alors loin du compte. puisqu'aujourd'hui, on nous crédite d'une jeunesse d'au moins deux ou trois millions d'années et peut-être même de cinq millions d'années.

Un matin d'été, je parcours le petit chemin qui longe la Cure, après le bourg d'Arcy-sur-Cure, à la rencontre de l'équipe de Leroi-Gourhan qui travaille dans les grottes d'Arcy. Aucun bruit de civilisation, pas de fils électriques, pas de poteau. Rien : le chemin, tel que l'ont sans doute tracé les ancêtres de la Préhistoire. Le feuillage des arbres et des halliers est animé par la lumière du matin. Quelques tentes ornées des pavillons nationaux : des étudiants de divers pays participent à cette recherche de notre lointaine Histoire. Vraisemblablement, là, cohabitèrent les deux Humanités : celle de Néanderthal, qui se trouvait en fin de potentiel biologique et celle du « Magdalénien » qui allait acquérir progressivement assez d'intelligence pour imaginer notre civilisation scientifique d'aujourd'hui.

En roulant sur cette belle route d'Auxerre à Arcy-sur-Cure, je me remémorais les pages essentielles des manuels d'anthropologie que j'avais lus, en vue de réaliser une émission de vaste ampleur, sur l'Histoire de l'Homme. Je reprenais également les passages marquants des conversations échangées à la Sorbonne, au Collège de France, dans les sous-sols du musée de l'Homme ou parmi les squelettes géants du Museum. On a beau se dire que l'on retrouve assez aisément le fil de cette prodigieuse aventure humaine, grâce à l'intense activité de la recherche préhistorique, et que l'aventure humaine est, tous comptes faits, parfaitement compréhensible, il est très émouvant de se heurter soudain, de manière concrète, au théâtre même de l'existence quotidienne de nos lointains ancêtres.

Voilà vingt mille ou trente mille ans, la Cure coulait sûrement ainsi, avec ce même léger coude qu'impose la ligne de falaises. Les halliers bordant ce vieux chemin de la préhistoire devaient, eux aussi, à cette saison du printemps, se réveiller de leur longue dormance hivernale. Ils ourlaient de pareille manière la berge de la Cure. Et là où nous marchons en ce moment, les hommes des grottes d'Arcy-sur-Cure plaçaient leur pas, tout en guettant l'entrée de leurs habitations troglodytes creusées dans le roc de la falaise calcaire de la rivière.

Quels hommes étaient-ils ? Les « vieux », ceux de Néanderthal, sentaient alors la lourdeur d'un corps arrivé en fin de carrière. Leurs bras trop longs, déformés par l'acromégalie osseuse, pendaient jusqu'à la hauteur du genou. Pauvres hommes, que leur destin biologique n'avait jamais séparés vraiment des cousins simiesques. A ce que l'on dit, du moins. Face à ces « vieillards » de l'évolution humaine, les « jeunots » de « Cro-Magnon » piaffaient d'ardeur. Avec ces derniers, l'espèce humaine tenait enfin ses atouts maîtres : un corps agile, adaptable à toutes sortes d'exigences biologiques ; et surtout un crâne débarrassé des surcharges osseuses du Néanderthalien.

La magie du site d'Arcy-sur-Cure est efficace : me voici pris, envoûté par cette partie décisive de l'aventure humaine : le moment où, héritier de tout le bénéfice de la lutte contre l'adversité animale sauvage, l'Homme se sent fort et capable de lancer le défi majeur à la nature marâtre. C'est là, et dans d'autres sites analogues, où cohabitent les deux familles humaines de l'époque, que se joue la partie grandiose de notre Histoire. C'est l'émergence de l'Homme qui sait : de l'*homo sapiens*. Désormais, l'être humain ne se contentera plus seulement de façonner des outils, et de défendre tant bien que mal son existence de chaque jour. Il sera brûlé par l'ambition et le besoin de savoir.

Un formidable changement vient d'éclater, dans

le monde vivant de la Terre : l'irruption de cet être qui sait, qui veut savoir, et qui consacrera son savoir à accroître sans cesse son indépendance, par rapport aux tutelles de la nature. Cet homme de savoir constitue l'extraordinaire exception du vivant, la création unique de l'univers que nous sommes en mesure d'explorer.

Je suis donc parti de là, de ce phénomène infiniment bouleversant, pour m'engager dès lors, dans une enquête qui ne finira plus jamais pour moi. C'est ce matin-là, au côté du Pr Leroi-Gourhan, alors que l'un et l'autre, silencieux, nous regardions un jeune garçon, en train de mettre méticuleusement au jour un ossement de renne, à l'entrée d'une des grottes d'Arcy-sur-Cure, que j'ai instinctivement conçu l'orientation nouvelle de mon existence.

Que s'est-il passé exactement ? Je ne saurais le dire, même aujourd'hui, après avoir bien souvent recréé par le souvenir quelques moments décisifs de ma vie. Pourquoi ai-je éprouvé le besoin impérieux de m'engager dans cette voie, à la recherche des origines de l'Homme, et peut-être plus encore des liens qui rattachent l'Homme à l'univers en général ? Je ne savais encore rien de Teilhard de Chardin, ni de ses idées concernant « le phénomène humain ». Je ressentais simplement un violent coup d'éperon que j'attribuai, sur le coup, à la curiosité. Je suis d'un naturel curieux et passionné. Sur le moment, j'ai cru que la recherche anthropologique n'était finalement qu'un moyen de remplacer une passion périmée. Je me suis piqué au jeu, et j'ai décidé de reprendre au commencement les principales théories sur l'évolution de la vie terrestre, les grandes différenciations entre végétaux et animaux, puis les séquences fondamentales de la progression de l'espèce humaine. Je me doutais qu'au détour de l'énorme périple parmi la multitude des événements humains, je finirais par découvrir un morceau de réponse. De toute façon, cette recherche m'occuperait l'esprit, et j'avais des chances d'y rencontrer quelqu'un qui saurait bien s'intéresser à mes propres tourments.

D'avoir tout à coup quelque chose à faire, dans une direction donnée, je me suis senti un autre homme. Mais oui, j'éprouvais comme du bonheur de ne plus me découvrir en train de haïr. Le communiste ne cesse jamais de haïr ; il hait en proportion même de son amour utopique. Avec la même passion, et une semblable partialité. Je ne haïssais plus les êtres riches, ni les individus investis de responsabilité et de puissance. Quel soulagement de ne plus juger constamment un monde, sommairement fait de bons et de méchants ! J'avais enfin le droit moralement de regarder un tel et un tel, et d'évaluer ces personnes, en fonction de leurs qualités, et non plus de leur naissance ou de leur niveau social.

Heureux donc de juger par moi-même, de sortir résolument de la simplification des rapports humains, qu'implique forcément la fameuse « conscience de classe ». Né d'ancêtres paysans du côté paternel et d'ancêtres ouvriers du côté maternel, je me situais de toute évidence dans un milieu « populaire », dès ma naissance. Il ne m'a jamais semblé pourtant que ces origines me prédisposaient le moins du monde à une conception particulière des événements et des attitudes humaines. Mon éducation, l'expérience de la vie, mes réflexions personnelles ne me conduisent nullement à croire en la vertu mythique et définitive de cette abstraction que les communistes appellent la « classe ouvrière ».

Ma participation à plusieurs campagnes électorales du parti communiste, tant dans la région parisienne qu'en province, m'a convaincu que les ouvriers sont aussi dissemblables les uns des autres que les hommes de n'importe quelle autre population. J'ai même vu des ouvriers mineurs du Nord en train d'infliger de bonnes corrections aux commandos communistes qui tentaient de jouer les fiers-à-bras, sur le carreau des mines. Le général de Gaulle a assez bien réussi à détacher du parti communiste une bonne part de la population ouvrière.

Il est affligeant de voir ces avocats de cour d'appel, richement pourvus, « qui se penchent sur la classe ouvrière », et prétendent « se placer sur les positions de la classe ouvrière ». Comme si les ouvriers avaient besoin de ces étranges concours, pour se sentir plus heureux, ou gagner un supplément de bonheur. Cela est dérisoire, exaspérant, et de mauvais goût. Comment se débrouilleront-ils, ces théoriciens de la glorification « ouvriériste », quand les ouvriers seront devenus des contremaîtres de machines, et travailleront en costume de ville ? Dès maintenant, on voit des usines qui évoluent rapidement vers une automatisation tellement poussée que toute la peine physique du travail industriel est prise en charge par la machine qui achemine elle-même ses pièces à travailler, et choisit de sa propre initiative son outillage. L'homme est d'ores et déjà promu au rang de contremaître, de surveillant. Il est libéré de tout assujettissement à l'objet fabriqué. C'est cela qui marquera réellement notre époque technicienne, beaucoup plus que le marxisme. Le marxisme ne fut que la méthode momentanée d'analyse économique d'une société de production correspondant à la civilisation industrielle naissante. Depuis lors, la tutelle et l'omnipotence des syndicats sont devenues autrement lourdes à porter, pour nos sociétés, que le pouvoir en voie de dislocation des patrons.

Voilà ce que je me répétais, à ce moment même, où je me sentais sollicité par l'envie de m'aventurer sur le chemin de la recherche de Dieu. L'étrange impression ressentie, au bord de la Cure, en découvrant la prééminence de l'espèce humaine, sur l'individu : c'était donc bien la créature humaine, sortie de l'œuvre de Dieu, qui me la communiquait. Tout à coup, je devenais spirituellement solidaire de l'espèce humaine. J'éprouvais le besoin d'embrasser la totalité de l'Histoire humaine, et d'examiner celle-ci à la loupe, afin d'y apercevoir éventuellement çà et là quelque signe de Dieu. Mais quel lien existait-il entre les hommes pris individuellement, et l'espèce elle-même ? Qui était le plus important : l'espèce ou l'individu ?

Les communistes m'avaient un moment persuadé que leur objectif suprême était le bonheur des individus par la transformation et l'aménagement de la société. Mais j'avais constaté sur place qu'un demi-siècle de pouvoir soviétique n'avait fait qu'aggraver, jusqu'à l'insupportable, les inégalités et les malheurs de l'Homme de notre xxe siècle. Puisque les lois, les structures sociales, les diverses assistances de toutes sortes que proposent les politiciens, ne suffisent pas à garantir le bonheur des individus, n'est-ce pas tout simplement parce que le bonheur humain ne saurait dépendre de ces pauvres petites constructions éphémères, qui nous excitent le temps d'un rêve furtif ?

Au lieu de ces chimères qui ont déjà coûté tant de déconvenues, et malheureusement tant de désespoirs, je rencontrais soudain, dans une infinité de détails poignants, la fantastique aventure de l'homme. L'individu y était, en pied, sur les bords de la Cure ou de la Vézère, dans les grottes d'Arcy ou de Lascaux. Il sculptait les Vénus, dont les fesses et le ventre exagérément amples invoquaient l'indispensable fécondité qui devait compenser la mortalité d'une longue période de solitude humaine, parmi un monde d'agressivité et de famine. Il s'éveillait, cet homme, aux mystères, aux beautés, aux interrogations. Poussé par son instinct, le voici qui confie à sa science le soin de le défendre, par les armes, par la magie des peintures et des totems, et aussi par l'association de ses biceps, dans les ténèbres des cavernes.

De millénaire en millénaire, la « préhistoire » se meuble, se perfectionne, s'humanise. Je vais à Ternifine où s'éveille l'Atlanthropus. J'y contemple ces collines où des artisans façonnèrent les armes de pierre que l'on m'a montrées, tout près de là, à Constantine. Eperdu de joie et de méditations, je ne me lasse pas d'admirer, à l'ombre des palmiers de l'oasis mauritanienne de Chinguetti, ces merveilleux silex miniatures que des orfèvres préhistoriens ont ciselés, ici-même. Partout où j'ai quelque chance de surprendre l'un de ces moments d'intense perfectionnement de l'espèce humaine, j'accours aussitôt. Et j'écoute avidement les maîtres de la paléontologie humaine, de tous les pays, de tous les continents.

Retrouver l'Homme de la préhistoire, puis l'Homme de la protohistoire : ce sera ma passion, durant plus de dix ans. Après les Eyzies, Carthage, puis Tarquinia, Chinguetti, Ternifine, le Tardenois, etc.

Et, de cette vaste quête, je finis par ramener le portrait de groupe infiniment bouleversant, non plus d'un individu, mais d'une généalogie. Je ne me déplace plus au ras du sol, témoin de l'existence de quelques individus ; je survole à basse altitude toute une fresque de l'Histoire humaine. A cet exercice, je prends l'habitude d'imaginer aisément, de plus en plus aisément, les gestes et les réflexes des groupements humains que nous ressuscitons ainsi. Celui-ci chassait, de vallée en vallée ; cet autre se contentait d'accompagner tranquillement les troupeaux de rennes, tuant juste ce qu'il lui fallait d'animaux, pour survivre. Celui-là à la lumière d'une motte de graisse, peignait sur le roc des scènes de chasse, dont le sens réel nous échappe encore. Partout, une intelligence dynamique, et la conscience d'être inséré dans un grand ensemble.

Un ensemble où cohabitent la peur du carnassier qui a toujours faim et s'en prend de préférence à l'homme qui court mal, la beauté du ciel étoilé revenant à chaque nuit, et l'incompréhensible rythme des saisons. Pendant des millénaires et des millénaires, le phénomène humain va ainsi « cuire à feu doux », mijoter un peu plus d'intelligence, davantage d'acuité de conscience, des suppléments successifs d'agilité manuelle, et de complexité sociale. C'est alors, sans doute, que s'opère la synthèse entre les aspirations à la liberté individuelle et l'instinctif besoin du groupe protecteur.

J'ai évidemment pris le train en marche, mais le paysage que j'ai découvert me semble suffisant, pour me permettre de juger que je suis monté à bord du bon convoi. Le convoi qui circule tout au long de la montée de l'humanité. De saisir ainsi le fantastique événement de l'ascension humaine me persuade que c'est bien là l'essentiel ; c'est là que j'ai des chances de découvrir et de comprendre l'absolu que je recherche depuis ma jeunesse.

Peu à peu, mon expérience communiste prend une nouvelle signification. Pendant les trois ou quatre ans qui suivirent mon départ du parti, j'ai vécu comme un somnambule de mauvaise humeur. J'en voulais au parti, à ses dirigeants de m'avoir berné ; et surtout d'avoir suscité en moi cette farouche abnégation, ce désir de servir, jusqu'à l'acceptation du sacrifice de ma vie. Il m'arrivait souvent de penser à ces pauvres militants qui s'étaient laissé tuer par les Allemands, en croyant de tout leur cœur qu'ils mouraient « pour la bonne cause », ainsi que le dit le chant de *la Jeune Garde.*

Puis, dans une seconde phase, la fantastique prétention communiste de faire le bonheur des hommes m'apparut comme l'une de ces hypertrophies de la pensée humaine, qui abondent dans l'Histoire des cinq millénaires écoulés. Hypertrophie ni meilleure, ni pire que celle d'Aristote, de Mani, de César, de Voltaire, de la Grande Catherine, de Napoléon ou de Robespierre. A l'échelle de l'espèce humaine, il dut y en avoir des multitudes de ces ordonnances prescrivant épisodiquement telle ou telle recette de bonheur. A ce stade, je me sentais presque désenvoûté. Je réussissais à voir les événements et les hommes tels qu'ils sont, sans éprouver le réflexe d'en prendre les mesures à l'aide de la « boîte noire » du parti. Les paroles que j'entends sont bien celles que perçoit mon oreille, et non quelque écho plus ou moins conscient d'un asservissement à l'idéologie « dominante ».

Je commence alors à mesurer ce que fut réellement la perversion de mon jugement, l'aliénation de mon indépendance d'esprit. Pourtant, il subsiste encore en moi une certaine fascination du matérialisme scientifique. L'ouvrage d'Engels : *Dialectique de la Nature* est resté l'un de mes livres de référence. Il est tellement tentant de résumer le prodigieux mouvement du vivant terrestre comme un enchaînement de phénomènes qui s'induisent les uns les autres, et nous amènent finalement à l'être humain.

C'est à partir de l'avènement de cet être humain que je me sens mal à l'aise. Il y a dans cette histoire humaine trop de déterminisme, trop de sollicitude des « facteurs d'intervention », pour que je puisse raisonnablement me passer de l'hypothèse de Dieu. En suis-je seulement au stade de Voltaire cherchant l'Horloger, alors qu'il n'en finit plus de contempler l'horloge, c'est-à-dire l'infinité de l'Univers : de ses corps célestes, et de ses êtres vivants. En suis-je là ? Question qui me tarabuste au-delà de tout ce qui est imaginable, pour quiconque lit ces lignes aujourd'hui.

Alors je prends la décision d'aller jusqu'au bout, sans trop savoir comment je procéderai. Mais j'ai bien consacré plus de vingt ans de ma vie au communisme, pourquoi ne donnerais-je pas les années nécessaires à la recherche de cette exacte signification de l'Histoire humaine ?

A qui m'adresser, pour commencer intelligemment mon enquête ? A un prêtre ? C'est la première idée qui me vient à l'esprit. Je connais le père Réginald Omez, un dominicain qui a la charge de l'aumônerie des professionnels du spectacle. J'ai toujours éprouvé de l'intérêt pour les dominicains. Cela remonte au temps où je commençais mon service militaire à Montpellier. Un de mes amis était profès dominicain ; il m'emmenait souvent le dimanche matin au couvent de Montpellier, où nous prenions le petit déjeuner avec les pères. C'était pour moi un enchantement. Pas un enchantement religieux, plutôt un ensemble de joies et d'amitiés qui m'emportait loin de l'existence ordinaire.

Un peu plus tard, j'avais fait la connaissance du Père Crozier, prieur des dominicains de Lyon. C'était en Avignon où le Père prêchait chaque soir, à l'occasion d'une mission. J'étais entré dans cette église, par hasard, et j'avais trouvé dans les paroles du père, comme un écho de ce que me disait ma mère, au temps de ma petite enfance. Après le prêche, j'était allé parler au père. Ce fut le début d'une grande amitié.

Je demandais donc au père Réginald Omez de m'aider à repérer la direction où pouvait se trouver la lumière qui m'éclairerait. « Hélas », me dit cet honnête homme, « je ne peux guère vous aider, sauf en priant pour vous ». Même réponse ou à peu près du père Dubarle. Lui aussi dominicain. Je vais le voir dans son couvent, à La Glacière, à Paris. J'ai encore à l'esprit l'image de cette rencontre, un soir d'hiver. Il fait nuit et froid. Les escaliers du couvent sont à peine éclairés. On se croirait dans une caserne. Le père Dubarle est dans sa cellule. Des livres partout, le désordre habituel des célibataires. Homme de formation scientifique, le père Dubarle, devrait comprendre mon tourment. Il le comprend effectivement ; mais lui non plus, il ne peut pas grand-chose.

« Voilà vingt ans que je suis dominicain, me dit-il ; et il n'y a guère que quatre ou cinq ans que je suis sûr d'être dans la bonne voie. Mais, rassurez-vous, vous ne chercheriez pas Dieu, si vous ne l'aviez déjà trouvé. » Je connais cette consolation évangélique. Mais j'ai besoin, moi, de saisir à bras-le-corps. Je suis devenu concret, exigeant. Je ne cours pas derrière un fantôme ou un mythe. J'ai envie de converser, de recevoir des réponses à mes questions. La solitude assortie à la comédie du dialogue imaginaire : cela ne m'intéresse guère. Chacun d'entre nous est en quête de la même assurance. Pour certains, cette assurance est inaccessible, ce qui fait qu'on n'a pas à perdre de temps à pourchasser le vent. Pour d'autres, au contraire l'assurance est là, éblouissante.

Où suis-je ? J'aurais fort envie de croire en Dieu, mais je n'y arrive pas. Pourquoi ? Sans doute, est-ce d'abord parce que je n'accepte pas de m'embarquer au petit bonheur la chance, vers quelque havre de mysticisme. Il m'est absolument nécessaire d'accéder à Dieu, par le truchement du raisonnement. Plus j'apprendrai sur l'immensité de l'univers : ses lois, ses phénomènes, plus j'aurai de chances de débusquer le Créateur. Il n'est pas concevable que ce Créateur, qui aurait mis en place ces myriades d'atomes, qui se serait donné la peine d'ordonner le jeu de ces atomes, puisse se dissimuler en une zone interdite où justement la méthode d'investigation scientifique ne parviendrait pas à révéler sa présence et la réalité de son rayonnement.

Alors, tant pis, je chercherai Dieu, en usant des méthodes qui me sont familières. Aucun motif de cesser de raisonner scientifiquement, pour résoudre ce qui finalement doit être une relation de cause à effet. La découverte de l'Horloger me passionne désormais. J'y mettrai tout le temps qu'il faudra ; mais je trouverai bien quelque chose qui, un jour ou l'autre, me mettra sur la bonne piste.

Le père Gabel s'est hissé au faîte des organismes de presse internationale ; il représente plus ou moins l'Eglise à Radio-Luxembourg. Un homme d'aspect quelque peu austère, auquel j'ai peu souvent parlé. Il me donne rendez-vous à son bureau professionnel, rue Saint-Augustin, non loin de l'Opéra.

Evidemment, il comprend mon tourment. Lui aussi, je le sens, il pense que je ne chercherais pas Dieu, si je ne l'avais déjà entrevu. Il ne me dit pas cela. Il m'écoute, et ne me répond pratiquement rien. Mais, il y a son regard, sa bonté fraternelle. Sans doute, sait-il d'expérience combien cela est pénible de se mouvoir ainsi dans des enfilades de pièces obscures.

Nous nous revoyons souvent. Une amitié naît entre nous. Elle ira très loin. Mais je n'ai toujours pas aperçu l'orée du sentier que je cherche inlassablement. De loin en loin, il m'arrive de croiser furtivement d'anciens camarades du parti. La plupart d'entre eux ont quitté la vie militante. D'autres sont devenus des adversaires tenaces. Sans pour autant tomber dans les bras du capitalisme. A première vue, le parti communiste a dû perdre au moins dix mille adhérents et responsables intellectuels, durant la brève période 1956-1960, rien que dans la région parisienne. Pour l'ensemble de la France, l'hémorragie a été sensiblement de la même importance, soit une trentaine de milliers de militants intellectuels de trente-quarante ans.

Un très faible pourcentage de ces désenchantés a rejoint les rangs d'un autre parti ; les autres se sont réfugiés dans quelque passion « intellectualiste ». Ou bien, ils continuent d'échafauder de mirifiques constructions philosophiques.

Un matin de juin 1962. Je viens de passer une heure, enfermé dans le simulateur de vol de l'Aéroclub de France, rue Galilée. L'instructeur M. Meyer était de bonne humeur, et je n'avais pas trop mal réussi mon exercice. Bref, je me sentais bien dans ma peau. Paris est merveilleux, vers le milieu d'une matinée ensoleillée ; cela, quelle que soit la saison. Mais l'été, les couleurs sont encore plus belles, plus nettes. Me voilà donc parti à pied, peut-être jusqu'à la Concorde, ou, si j'en ai le courage, jusqu'à la rue Notre-Dame-de-Lorette. En marchant, je ne résiste jamais au plaisir de penser, de me raconter des histoires. Des histoires que j'anime parfois, tout haut, en parlant les dialogues. Ce qui fait que les gens me regardent d'un drôle d'air. J'aime cette sorte de jeu.

Donc, ce matin-là, j'ai envie de réfléchir à mon affaire : oui ou non, le strict raisonnement scientifique est-il compatible avec Dieu, avec la foi en Dieu ? Certes, ce débat n'est ni original, ni particulièrement démonstratif ; mais aujourd'hui je me sens en mesure de l'engager avec moi-même. Je serai simultanément deux personnages : l'un qui aligne tous les arguments dits « de raison », que dictent la connaissance et le raisonnement scientifiques, l'autre qui laisse s'exprimer son trouble religieux. Plus exactement, son besoin de se relier à Dieu.

Récapitulons : dans l'atmosphère originelle de la planète, qui est composée essentiellement de vapeur d'eau, de gaz carbonique, d'hydrogène, de méthane et d'ammoniac, surgissent des éclairs. Le rayonnement ultra-violet du soleil frappe lui aussi de plein fouet cette atmosphère qui entoure une boule rocheuse nue, sans couverture de terre arable. Et, un jour, dans le mélange gazeux de l'atmosphère, apparaît quelque chose de rougeâtre : des acides aminés. On sait qu'il en fut peut-être ainsi, parce que l'Américain Stanley Miller, ainsi que les Russes Térénine et Passivski ont effectivement découvert ces acides aminés rougeâtres, sur les parois de leurs récipients contenant un mélange gazeux identique à celui de l'atmosphère terrestre originelle. Et ces scientifiques ont bombardé le mélange gazeux avec des décharges électriques simulant les éclairs des premiers âges de notre planète. Ils ont également irradié ce même mélange avec un rayonnement ultra-violet répétant sensiblement l'éclairement solaire d'une Terre dépourvue de son voile protecteur d'ozone, qui filtre maintenant les radiations ultra-violettes de la lumière solaire.

Avec nos pauvres moyens de datation, nous évaluons le temps de ce premier bouleversement, voilà environ deux milliards et demi d'années. Nous sommes à peu près assurés que ce fut le début de la vie terrestre. Ces acides aminés formaient les briques fondamentales de la matière vivante terrestre. Donc, c'est de là que tout va partir : le mouvement de la vie terrestre. Un mouvement bien lent à démarrer, puisqu'il piétine pendant deux milliards d'années, avant de se présenter en tenue correcte, sous la forme d'une cellule vivante ayant conquis son indépendance et la maîtrise de son destin.

Voici alors que la Terre reçoit des êtres vivants achevés : des êtres qui se nourrissent, se reproduisent, et établissent des contacts informatifs avec le milieu environnant. Le protiste, l'algue unicellulaire, puis l'amibe prennent possession du décor. Le coup de pouce est donné. L'élan ne s'arrêtera plus. Sous la couche protectrice de quelques dizaines de centimètres d'eau à l'abri du rayonnement homicide de l'ultra-violet solaire, la vie unicellulaire du premier galop d'essai va se compliquer. Elle porte déjà en elle l'ordre de constamment tenter de faire mieux : ce que l'on appelle « la complexité du vivant ».

Bon, là tout le monde est d'accord, pour imaginer ainsi la mise en place du théâtre de la vie terrestre. Le monde scientifique : athées, croyants et agnostiques. Tout existait initialement, préalablement. Il a été nécessaire simplement que de l'énergie arrive dans ce fameux mélange gazeux. Vous voyez bien que l'on n'a pas besoin d'un Dieu créateur, clament les athées, les « matérialistes scientifiques », comme ils s'appellent eux-mêmes. Avec orgueil, naturellement. Oui, la mécanique étant en place, elle s'est mise à tourner.

Première question que je me pose : qui avait tout

mis en place ? Dans quelle intention ? Rien, personne, c'était comme cela : le Hasard, assure Engels. Le Hasard ou Dieu, pas d'importance, dit encore Engels. Peut-être, mais pourquoi ce hasard est-il aussi constamment orienté dans le même sens positif ? Un hasard étrangement favorisant. Je crois au hasard « à cinquante-cinquante », le « moitié-moitié » des probabilités. Pas au Hasard-créateur, au Hasard thaumaturge. Autour de ce Hasard-Dieu, les biologistes marxistes ont mené grand bruit, surtout Haldane en Angleterre, Oparine en Russie, et Aubel en France. A Londres, ils ont convoqué un congrès, pour prendre acte de la révélation : la vie terrestre a commencé purement et simplement par hasard. Une science des origines de la vie est créée, à cette occasion. Ce sera la « biogénèse », baptisée dans le pur style marxiste, avec proclamations idéologiques à l'appui, et mobilisation de toutes les revues théoriques, possibles et imaginables. Evidemment, les « pèlerins » des mouvements rationalistes, se saisissent de ces manifestes : on vous l'avait bien dit, clament-ils, Dieu n'existe pas, Dieu n'existe pas. La vie terrestre s'est faite toute seule. Par hasard.

Les biologistes croyants sont timides. Ils ne ripostent pas, pied à pied. On va finir par croire qu'en effet le monde, la vie, l'homme : tout cela s'explique scientifiquement par le Hasard. Sans aucune intervention de Dieu. Un peu plus tard, d'ailleurs, Jacques Monod dira carrément que tout le merveilleux de notre univers, l'ordre et la vie, n'est que le fruit du hasard et de la nécessité.

Je sens clairement cette voix qui m'avertit de ne pas me laisser prendre au piège. Il est vrai que j'ai vu, dans les laboratoires d'Oparine, à Moscou, les fameux bacs de coacervat. En fait de preuves de l'inexistence de Dieu, ces cultures de soupes gélatineuses sont bien moins vivantes que la levure de bière ou le levain du boulanger. Une imposture pure et nette. Mais les fans de la biologie matérialiste s'agenouillent devant le miracle du cher grand académicien soviétique.

Plus notre univers se voue à la science et aux techniques, plus les matérialistes multiplient leurs tentatives de confisquer les clés des énigmes de cet univers. Si l'on réussit à démontrer que la vie terrestre est apparue par hasard, résultant de circonstances fortuites, tenant à de simples réactions chimiques, et que, de la matière minérale inanimée, s'est échappé le soupir initial de la matière vivante, alors c'est gagné. Le monde prend un sens. A l'exclusion de Dieu. Pendant des années et des années, les revues et organes théoriques de l'Union soviétique, des pays communistes et des partis communistes occidentaux ne cessent de pilonner les esprits.

Je me suis laissé évidemment imprégner par cette idée de la génération spontanée de la vie. Il m'est donc d'autant plus difficile de tenir bon, à ce niveau même des tout premiers balbutiements de la vie, sur la question décisive d'un monde-du-hasard, ou d'un monde « arrangé » avec une certaine prédétermination. J'ai encore dans les oreilles les paroles définitives de Marcel Prenant, à la réunion de la revue *La Pensée,* rue Saint-Georges, concernant les certitudes matérialistes en un monde « non créé ».

Marcel Prenant avait été l'un des plus éminents biologistes français de l'après-guerre. Non seulement cet homme était un authentique scientifique, mais pendant la guerre, il avait participé au premier rang des combats de la Résistance. Devenu théoricien du matérialisme scientifique, Marcel Prenant fonda et dirigea la revue *La Pensée* qui visait à proposer une documentation théorique, et des bibliographies de références, aux intellectuels marxistes. Marcel Prenant prit donc l'initiative de publier, sous l'égide de *La Pensée,* une brochure reproduisant les débats des biologistes communistes de plusieurs pays européens, à propos des origines de la vie. Il y avait là des textes de Haldane, de Pirie, d'Oparine, d'Aubel, etc. Dans la préface de cette anthologie édifiante, Prenant exprimait son propre jugement. Pour lui, le fait essentiel, disait-il, était que nous possédions désormais les moyens scientifiques permettant « de nous acheminer vers l'infinie délicatesse de la chimie vivante ».

Sous-entendu : grâce à cette « chimie vivante » la vie cessera de poser des questions embarrassantes aux matérialistes. J'avais vu les équipes de biologistes communistes : des modestes laborantins aux grands « patrons » comme Tessier, Aubel, Prenant, Salleron, Boiteau, s'en aller résolument « au charbon ». Objectif : créer un vaste mouvement de pensée, autour de l'idée d'un monde vivant façonné de lui-même, dans un berceau privilégié, à bonne distance du Soleil.

Sur le chantier inattendu de la « chimie vivante » de Prenant, s'affairaient donc des multitudes de militants. Staline avait imaginé cette bataille « idéologique » ; il devait y engager Jdanov, et le fameux Lyssenko. Aragon, plus stalinien que jamais, trouva le moyen de jeter le journal littéraire *Les Lettres Françaises* dans cet étrange combat. J'avais moi-même interviewé, soit pour la radio clandestine du Parti : « Les Voix de la Paix », soit pour *l'Humanité,* toute une kyrielle de biologistes, grands et petits. Je savais donc assez bien ce qu'il y avait de vanité derrière ce brouhaha. Et puis, en Union soviétique, il m'avait été possible de rencontrer quelques-uns des biologistes « maudits » qui, à la suite du malheureux Vavilov mort en Sibérie, et aux côtés de Tsitsine, se battaient contre l'imposture de Lyssenko.

Donc me voici sur les Champs-Elysées. Le soleil est pratiquement dans l'axe de cette merveilleuse avenue. Un peu plus à droite, pourtant ; ce qui fait que je traverse, afin de marcher du côté ensoleillé : le côté des numéros pairs. Tout est spectacle de qualité : les vitrines des magasins, où des femmes pieds nus fignolent éternellement le décor des objets exposés. Spectacle aussi, celui des allées, avec ses senteurs de parfum de luxe, ses visages de tous les continents. Des vêtements étranges, des robes de rêve...

A peine distrait par la magnificence de l'avenue, je poursuis ma discussion intérieure. A la rigueur, jusqu'à l'avènement de l'homme, on pourrait admettre le schéma matérialiste du hasard. Un hasard, je l'ai dit, singulièrement complaisant. Mais enfin, passons. Acceptons le hasard. Et voici que, de ce monde vivant, déjà infiniment diversifié, un être tout à fait exceptionnel s'élabore et prend pied. Exceptionnel, cet être l'est par ses aptitudes physiques, et surtout par la qualité inouïe de son cerveau qui donne du monde environnant une conscience illuminatrice. De tous les êtres vivants de la Terre, de tous les mammifères même, l'homme est le seul qui soit en mesure d'apprécier sa place dans l'univers : sa place géométrique, sa place biologique, et sa place philosophique. Avec l'homme, l'Esprit et la Conscience se sont faits chair...

Cela, j'en suis maintenant certain. Mais comment relier à Dieu cet homme si généreusement doué ? D'abord, qu'est exactement Dieu ? Une construction des êtres humains qui ne supportent pas leur situation d'orphelins, et recherchent désespérément un père ? Toutes les questions cent fois entendues me trottent dans la tête. Pourquoi Dieu aurait-il créé l'homme faible et capable de défaillir ? Pourquoi juger ensuite une créature que l'on n'a pas parfaitement réussie ? Pourquoi ces peines et ces félicités qui semblent disproportionnées au mérite et à la vulnérabilité des hommes ? Pourquoi ? Pourquoi ?

Franchement, je bute encore sur un illogisme qui finit par m'irriter. On ne peut atteindre Dieu, ni même l'idée de Dieu, si l'on s'en tient au cheminement du seul raisonnement scientifique. J'en suis désormais convaincu. Mais trouve-t-on tout de même Dieu, si l'on ajoute quelque chose au raisonnement scientifique ? Je voudrais bien essayer de débusquer la nature de cette « autre chose », ce complément d'enquête qui fera peut-être jaillir enfin la vérité.

A ce stade, j'ai le sentiment de m'être embarqué sur un drôle de radeau, et pour un bon bout de temps. Impossible de me souvenir à quelle hauteur des Champs-Elysées j'ai abandonné ma réflexion péripatéticienne ; je sais seulement que j'ai gardé de cette journée un souvenir délicieux.

CHAPITRE IV

... Au fond, qu'est-ce que je cherche?

Certes, je suis orphelin. Un orphelin qui n'est pas totalement abandonné. A quoi, je ressens cela ? Peut-être à ces murmures d'espérance que j'entends par moments. Mais que c'est pénible de patrouiller dans un brouillard qui n'en finit pas !

Cette recherche de Dieu, je ne l'effectue pas la tête entre les mains, les sourcils froncés, abîmé dans la méditation. Je ne me dis pas, chaque matin, avec une ferveur renouvelée : aujourd'hui encore, tu vas te mettre en quête de Dieu. Et le soir, tu noteras les signes que tu auras décelés.

C'est à la fois plus spontané, et moins complexe. Je suis tout bonnement en état de vagabondage d'esprit, débarrassé de toute inquiétude. Disponible pour n'importe quelle rêverie. Oui, j'attends les rêves, les intuitions. Par exemple, un jour à Marseille, le rêve m'est suggéré par la foule de l'aéroport de Marignane. L'idée me vient de regarder les êtres humains de cette foule, tels qu'ils sont naturellement, dépouillés de leurs vêtements, de leurs valises, et de tous les autres accessoires sociaux. Il n'y a plus, dans le vaste édifice de l'aérogare, que des primates-hommes nus qui vont et viennent. Les uns se tiennent bien droits, d'autres s'affaissent, mal étayés par leur colonne vertébrale affaiblie. Non, elle n'est pas biscornue, cette idée. Peut-être s'est-elle imposée à mon esprit, parce que je rentre tout juste d'un voyage en Angleterre, où j'ai rendu visite, à l'université de Cambridge, à Miss Jane Goodall, une anthropologue anglaise qui arrive du Tanganyika, où elle a vécu pendant plus de trois mois au sein d'une tribu de chimpanzés.

Après d'innombrables difficultés suscitées par les femelles, Jane Goodall s'est finalement imposée ; elle a trouvé sa juste place dans la tribu, recevant attentions et bonnes manières de presque tous ses hôtes. Une histoire qui m'a impressionné. Plus rien, ou à peu près, ne la distinguait, aux yeux des mâles chimpanzés, de leurs autres compagnes. Vous avez sans doute vu le film *2001, l'Odyssée de l'espace ;* si tel est le cas, vous n'avez par manqué de ressentir un choc, en présence de ces primates qui occupent la planète, avant que l'homme surgisse. Ces grands singes sont des figurants humains vêtus de fourrures synthétiques. Mais leur taille, leurs gestes sont scrupuleusement imités du naturel.

Mes êtres humains tout nus de Marignane, c'est assez vraisemblable, non ? Imaginez-les, vous aussi. Mettez-leur une fourrure, pour qu'ils soient plus proches encore de leurs cousins les grands singes. Mais si l'on transfère ces êtres nus dans quelque forêt humide et froide, une grande partie d'entre eux y survivra. Ces hommes et ces femmes réussiront à s'adapter, et plus rarement à y prospérer. Voilà une fameuse différence entre nos cousins primates et nous-mêmes. Nous saisissons sur-le-champ ce qu'il faut bouleverser de notre environnement, en vue d'assurer notre survie. Outre la force et l'agileté, nous mettons en branle l'expérience, l'intelligence et des techniques. Trois valeurs qui font notre privilège terrestre.

L'évolution, la prédestination ? Oui, on nous offre le choix entre ces propositions d'explication. Plus je m'amuse à chercher, plus je réfléchis, et plus je trouve que l'être humain est un animal tout à fait singulier. Unique même. De l'animalité, il a tout son être biologique : les cellules, le système nerveux, les organes, les mécanismes physiologiques, les instincts et les sentiments affectifs. Mais ce bel animal possède une tête d'un modèle exclusif. Exceptionnellement actif, le cerveau emmagasine des myriades d'informations ; ce qui le rend apte à raisonner à partir d'une multitude d'expériences servant de modèles.

Certes, on peut vivre relativement heureux sans connaître le fin mot de cette énigme qu'est l'apparition de l'humanisation, au sein de l'animalité des mammifères. Je conçois sans peine que l'on ne soit pas dérangé par la colossale singularité du phénomène humain, surgissant du tout jeune monde des mammifères. Personnellement, je me sens mal à l'aise, non pas à cause de ce cerveau si agile, mais parce que ce cerveau est capable de comprendre et d'interpeller l'univers. A cause de l'aptitude de ce cerveau à s'interroger sur sa propre signification. Le lièvre, le cheval, le chimpanzé se contentent eux de vivre, de remplir instinctivement les conditions de leur bail d'existence de mammifères. Un jour, ils naissent. Un autre jour, ils meurent. Bonjour, bonsoir...

L'être humain ne tire pas aussi aisément sa révérence. Il marque son passage sur la Terre. Parfois, il ne laisse qu'une idée. L'idée de l'honnêteté léguée à ses enfants. L'idée qui bouleverse le raisonnement et la vie quotidienne des générations futures. Une idée comme le théorème de Thalès, comme le « bonhomme d'Ampère », comme la loi de la gravitation universelle, comme le « Moi » de Freud, comme le sonnet d'Arvers... Une idée qui changera quelque chose dans l'existence des êtres humains, ou de l'espèce.

Tiens, une autre particularité humaine : l'héritage culturel, la transmission des richesses de toutes sortes, la connaissance de l'Histoire, c'est-à-dire des péripéties des générations. L'être humain, même le plus farouchement égoïste, est en mesure de connaître ce qui s'est fait avant sa venue sur la Terre. Il peut également imaginer plus ou moins justement ce qui sera après son départ.

Ce qui m'intéresse alors, c'est de comprendre pour quelles raisons cet être humain n'a jamais cessé de consacrer l'essentiel de ses forces à s'éloigner de l'état sauvage, c'est-à-dire de la nature souveraine. Quel est donc ce besoin incoercible qui pousse l'homme à construire des techniques, à imaginer des plans de travail, à conquérir des terres vierges, à tirer finalement tant de plans sur la comète ? Désir de domination sur tout ce qui nous entoure ? Besoin exacerbé de nous réaliser au maximum, d'aller jusqu'au bout de nos possibilités ? Tentative instinctive d'égaler quelque modèle supérieur, qui serait déposé dans notre mémoire, dès avant la naissance ?

Cette question que je me pose à l'égard de l'être humain en général me concerne personnellement tout aussi bien. Une question qui s'intègre désormais à mes tourments personnels. Que fais-je au juste sur la Terre ? Quel est le sens réel de mon destin ? Si je pouvais répondre convenablement à ces questions, je ne serais pas loin de me trouver en paix.

Cette nuit-là était obscure à souhait. On aurait distingué un tison dans le ciel bleu-noir. Les étoiles étaient toutes là, à leur place des almanachs et des éphémérides. J'avais annoncé à mes amis que l'on verrait sûrement des satellites. On s'usait les yeux à scruter l'axe Sud-Ouest-Nord-Est, sur lequel montent les « Molnyia » russes : des satellites de télécommunications qui restent longtemps visibles, vers le Nord-Est, à cause de leur trajectoire elliptique particulièrement allongée.

Effectivement, une lumière blanche se détacha du Sud, et se mit à rouler parmi les étoiles. C'était bien un satellite. Comme chaque fois que je contemple ce signe de l'intelligence humaine, dans le ciel, je fus assez ému pour communiquer mon trouble à mes amis. Et nous nous mîmes à philosopher sur la formidable puissance de l'homme qui réussit à jeter une étoile artificielle parmi les autres corps célestes. Vu d'un point de vue purement relatif, c'est assez juste. Mais quelle différence entre un modeste satellite d'une tonne et une étoile où siègent de fantastiques réactions thermonucléaires ! La lumière du satellite réfléchissant les rayons du Soleil n'est que la mimique du flamboiement de l'étoile. Mais tout de même l'homme a réussi à accrocher quelque chose au ciel, hors de ce plancher terrestre, où il s'est façonné.

Certes, il n'y a pas de quoi se faire la grosse tête, mais enfin voilà une preuve que l'être humain est capable de rôder entre Terre et Soleil, et de découvrir ainsi des éléments nouveaux susceptibles d'expliquer partiellement l'énigme du système solaire. Ce qui n'est déjà pas si mal.

Comprendre ce que je suis, par rapport à ce vertigineux ensemble du ciel que je découvre : c'est ma vraie question. D'abord, une évidence me trouble : l'identité physique de la matière formant mon corps et de la matière de l'univers. Hydrogène, fer, phosphore, soufre, etc. Ce sont les mêmes briques qui construisent tout ce que notre œil découvre, ici-bas et dans le ciel. Harmonie et simplicité de la construction universelle. L'être humain ne se distingue pas de son environnement, par la nature de ses matériaux constitutifs, du moins.

On a poussé le canular jusqu'à évaluer le prix vénal d'un être humain adulte, selon le barème des produits chimiques. Cela donne une somme qui tourne autour de 250 francs, aux cours pratiqués par les marchands de couleurs. La disproportion entre ce modique prix vénal, et ce que l'on appelle « la valeur sociale et morale de l'individu », n'est-ce pas cela, justement, qui est la marque spécifique du phénomène humain ? Cette sorte de « valeur ajoutée » est la résultante même de l'hominisation.

Certes, des animaux domestiques qui se trouvent intégrés affectivement dans le cercle familial ont acquis eux aussi une plus-value. Des liens affectifs se sont tissés entre les humains et le chien de garde ou le chien de chasse. Le chat compagnon-jouet des tout-petits bénéficie également de cette côte d'amour qui lui confère une plus-value affective. Mais, en dépit de ces situations privilégiées, dans le monde animal, on est loin d'arriver aux sommets des valeurs humaines.

La valeur humaine, c'est tout à la fois la capacité de travail, l'assistance, le dévouement, l'amour, l'intelligence, l'expérience, la capacité d'émotion, et la foi qu'offre une nature humaine. Voilà un capital éminemment caractéristique de l'homme. N'estime-t-on pas un homme, une femme, en raison même de leur propre générosité, eu égard à chacune de ces valeurs ?

J'insiste sur cette singularité de l'être humain, au sein de l'animalité. C'est que tout mon raisonnement sur le destin de l'homme est parti de ce postulat. L'homme n'est pas un phénomène quantitatif, dans le monde animal, et plus particulièrement dans le monde des mammifères. Il n'est pas un mammifère parmi les autres, qui serait tout simplement un peu mieux bichonné que les autres. Il est qualitativement différent des autres mammifères. Il est à part. Une création exceptionnelle. Une réussite éblouissante.

Tout en utilisant les matériaux biologiques usuels de la vie terrestre : cellules, vaisseaux sanguins, organelles ou mitochondries, nerfs, mémoire génétique, cerveau ou méristème, un chef-d'œuvre singulier a fini par surgir dans l'univers du vivant terrestre. Et ce chef-d'œuvre résume en lui, notamment dans son cerveau, tous les principaux bonds de l'évolution du vivant. Il a du poisson le milieu aquatique de son existence fœtale. Il a un cerveau reptilien qui se blottit au cœur de son encéphale. Il entend en lui ces voix mystérieuses qui l'incitent au nomadisme des oiseaux migrateurs. Mais il est seul à posséder la Conscience.

Cette ascension de l'être humain ne saurait se mettre au compte de la chance, du hasard des mutations opportunes qui seraient survenues dans le brouhaha de la fin de l'ère secondaire, lorsque des mammifères de « modèles réduits » se trouvèrent tout étonnés d'avoir à remplacer les gigantesques sauriens frappés à mort. Je ne me ferai jamais à cette idée que les radiations cosmiques purent en même temps tuer les dinosaures et préparer quelque petit mammifère quadrupède à dégénérer en homoncule, puis, au fil des millénaires à se métamorphoser en être humain.

Il est difficile de comprendre l'acharnement des matérialistes à s'inventer de tels antécédents triviaux.

On pense à ces « talons rouges » de l'aristocratie qui, flirtant avec la révolution, deviennent les pires contempteurs de leur passé nobiliaire. Tant de parti pris et d'intolérance finit par devenir agaçant.

Donc, je suis parti de la constatation de la singularité de l'homme, morceau de l'Univers, dont le corps palpitant est tissé des mêmes mailles moléculaires que les étoiles, les nébuleuses, les planètes. Comme tous mes congénères, je suis un infime fragment de cet Univers. Je porte même en moi un écho à la radioactivité naturelle de l'univers. Quelle ne fut pas ma surprise d'entendre, pour la première fois, le crépitement du compteur de Geiger passant lentement sur mon corps ! C'est de cette constatation émouvante que commencent mon raisonnement métaphysique, puis ma foi religieuse. Je sens tout d'abord physiquement cette relation biochimique de mon être avec l'immensité environnante. Et peu à peu, d'autres liens s'entrelacent avec les premiers. Ce n'est plus une intuition : j'acquiers la conviction d'une liaison avec l'Univers. Un Univers créé.

Comme cela fut difficile et long à venir, cette sensation de liaison de plus en plus serrée avec l'univers, avec la vie, avec les autres êtres humains ! Ma conviction établie, je cheminais rasséréné. Mon aventure humaine avait désormais l'allure d'une affaire ordonnée, délivrée de l'emprise souveraine du hasard.

On imaginera difficilement sans doute tout ce que fut cet obscur effort, pour que mon esprit formé au respect intransigeant des lois scientifiques, des équations mathématiques, des codes biologiques, et habitué à découvrir des solutions au terme de calculs, aboutisse un jour à entrevoir l'idée de la création de l'Univers, de ma propre création. Et par conséquent du Créateur.

Ce n'est là que le début de mon itinéraire. Je ressens alors mon aventure humaine comme un destin, et non plus comme un accident parmi des myriades d'autres accidents du vivant. Mais pourquoi suis-je créé ? Pourquoi l'Univers existe-t-il ? Pourquoi ? Pourquoi ? La filiation : qu'est-ce que cela signifie au juste ? Dieu s'ennuyait-il tout seul ?

Je tombe à pieds joints dans la kyrielle des vieux tourments. Et personne qui puisse ou qui veuille m'aider à mettre de l'ordre dans mes jachères... Je suis comme ces enfants de l'Assistance publique, qui apprennent un jour qu'ils ont une mère bien vivante. Ils éprouvent alors une envie fervente d'aimer cette vraie mère inconnue.

Ma liaison n'est pas encore une religion. Je me sens simplement quelqu'un de la famille. De quelle famille ? Le cœur n'est pas engagé. Mais la tête non plus n'est pas encore tout à fait mobilisée. J'ai découvert une piste qui emporte ma conviction. C'est tout.

Homme façonné par le communisme, j'ai besoin d'une philosophie, autrement dit d'une idée logique de l'existence, d'une morale aussi, et d'une sérénité.

A ce stade de ma recherche, je m'en tiens encore à la seule assistance du raisonnement logique. Je ne ressens pas, pour le moment, la moindre envie de me reporter aux révélations de la Bible, ni à celles des Evangiles, ni de quelque autre livre sacré. Ainsi que je le présume, si Dieu existe, et si je suis effectivement une créature de Dieu, il est impossible que je ne découvre pas, un jour ou l'autre, le passage qui me conduira jusqu'à la dernière cachette de ma « course au trésor ». Par mes propres moyens.

Une philosophie, une idée de la vie : je ne puis vivre serein, sans ce bagage. Hier, ma règle de vie de militant communiste découlait de ma certitude que le bonheur humain était façonné par les structures économiques de la société. J'avais donc bâti ma conception de la société idéale, en fonction même de cet axiome. Un axiome qui m'est, hélas ! apparu erroné. Depuis lors, je me promène, sur la Terre, sans référence philosophique, sans une conception globale de mon destin, et de mon bonheur. C'est pénible.

Pourtant, voici que j'entrevois trois ou quatre principes qui émergent de mes réflexions et méditations. C'est tout d'abord l'unité de construction de l'Univers. Ensuite surgit l'idée de la pérennité et de la solidarité de l'espèce humaine, par-delà les millénaires, et les époques culturelles différentes. Puis, s'affirme la morale humaine, cette règle du jeu qui conditionne les rapports d'individu à individu, et les relations entre les groupes humains. Enfin, je distingue, comme caractéristique fondamentale de l'homme, l'aspiration à l'infini, à l'éternité. Peut-être dois-je ajouter à cela l'espérance dans le bonheur, et le besoin incoercible de connaître toujours davantage.

Je me donne donc pour tâche urgente un examen attentif des événements ultérieurs, afin de voir si ces esquisses se confirmeront, au fur et à mesure que j'approfondirai ma recherche. Si notre monde discernable est bien construit sur ces principes, c'est que le seul hasard ne suffit pas à expliquer ce monde. Le hasard, à la rigueur, pourrait prendre en charge la phase initiale de l'édification de l'univers. Hasard des liaisons hydrogène, impliquant tel ou tel matériau de base : le carbone, le silicium, l'ammoniac, etc. Hasard des synapses composant finalement un cerveau plus ou moins riche en « souvenirs », et par conséquent plus ou moins cultivé. Hasard aussi de la disposition des corps célestes, à partir de tel ou tel cataclysme. Hasard enfin de cette situation à bonne distance de notre Terre, par rapport au soleil, pour qu'y prospère une vie dynamique, et, à certaines époques, franchement exubérante. Tant que nous restons dans le domaine des enchaînements chimiques, et même au stade plus complexe des phénomènes biochimiques, y compris les prévisions et prescriptions de la mémoire génétique, j'admets que le hasard reste un maître d'œuvre admissible.

Il n'en va plus ainsi, dès que l'on se saisit de ce fantastique événement que constitue l'hominisation de la vie, la fédération en une quintescence de tous les chefs-d'œuvre du vivant. Le rire de l'homme, les larmes de l'homme, tout ce prodigieux tumulte des passions, des offensives, des meurtres, des repentirs, des amours fous, des haines tenaces, des élans de sainteté, des visages infiniment aimables et bons, des masques de méchanceté : tout ce tissu typiquement humain, exclusivement humain, ne saurait dépendre du hasard. Prédétermination à la naissance, grâce acquise, chance méritée au jour le jour ? Je n'en sais rien. Mais je refuse l'hypothèse du hasard. Ma disponibilité, l'émoi que m'inspire ma station dans l'humble église de la rue François-Ier, au côté du Père Gabel, silencieux et fervent : cela vient évidemment d'autres sources que du hasard. D'où exactement ? Je suis incapable de le dire.

La solidarité avec les autres hommes. J'ai éprouvé cela d'une autre manière, du temps où j'aimais la solidarité communiste. Quand j'avais été révoqué de la radio, en 1950, la solidarité syndicale m'avait permis financièrement de survivre, en attendant de découvrir un autre emploi. Solidarité est un mot usuel du vocabulaire communiste. Dans l'église de Notre-Dame-de-Lorette, la messe de ce dimanche matin est célébrée par un prêtre noir. Nous sommes environ deux cents personnes rassemblées là. Je reste debout, durant tout l'office. Je ne participe pas aux gestes rituels de mes compagnons. Parfois une intense volonté de prier me saisit. Comment prier ? Que dire, que demander ? A qui m'adresser ?

Pour le moment, je vis le début d'un amour. Un coup de foudre indéterminé, avec tout ce que cela comporte d'hypnogène, d'auto-excitation. Je ne suis plus raisonnable, au sens propre du mot. C'est que je suis désormais convaincu que la partie de mon être qui s'est déclenchée ne dépend pas du contrôle raisonnable. Je ne cherche pas la solution d'un problème de mathématique, ni le fin mot d'une énigme policière. Je me préoccupe de l'être humain, de sa solidarité avec tous mes congénères, connus et inconnus. D'ici et d'ailleurs. J'ai la certitude que la personnalité d'un homme ou d'une femme ne prend tout son sens que si l'on relie cette personnalité à celles de tous les autres êtres humains. L'homme seul, isolé : un objet de commisération justifiant les efforts de sauvetage de ses congénères. L'espèce humaine : la fierté de la Création. Sans méconnaître toute l'importance gigantesque de l'être, je ressens d'instinct la prépondérance de l'espèce.

Et c'est bien cette intuition qui me jette corps et âme hors des rangs des athées et agnostiques. Me voici prêt à voir la genèse créatrice, comme le nez au milieu du visage, et avec autant d'assurance que si j'en avais été le témoin direct.

Peut-être que la chenille qui doit changer d'enveloppe ressent-elle physiquement ce qui m'arrivait alors personnellement, sur le plan spirituel et psychique. Mon être craquait lui aussi ; il se formait de profondes déchirures, sur la tunique qui me servait jusque-là d'enveloppe protectrice.

Il y a du déchirement et de la joie à vivre cette métamorphose, que l'on perçoit aussi bien spirituellement que physiquement. De la peur aussi. Peur de s'égarer en des impasses. Je ne sais pas comment cela se passe pour les autres, pour ceux qui, comme moi alors, n'en finissent plus d'espérer des réponses claires, mais je me trouve partagé entre la joie d'apercevoir cette lueur indécise marquant la sortie du désert, et la crainte d'un mirage.

C'est là une situation particulièrement inconfortable, et parfois même franchement détestable. On se sent déjà aliéné, et l'on n'a pas les apaisements du nourrisson sur-protégé. Aucune certitude de rejoindre un jour quelque bonheur. Le pari pur et simple : un pari décisif qui risque de vous laisser meurtri et incrédule à jamais. D'autant plus meurtri que j'ai dépassé l'âge moyen de mon existence.

Que de fois je me suis mis à faire le point !... Premièrement, deuxièmement, troisièmement... Je n'en finis pas de décompter. Premièrement, du côté du raisonnement, de la logique : aucune difficulté désormais pour admettre l'idée de la Création. Création de l'Univers, de la Terre, de la vie terrestre avec ses innombrables modèles et festons : d'accord. Création de l'être humain : je n'imagine plus d'autres explications, tant l'homme implique forcément une filiation divine. J'ai beau tourner et retourner ces réflexions, dans tous les sens, rien ne me choque ? Au contraire, je donnerais ma tête à couper qu'il en fut bien ainsi.

Alors risquons le « deuxièmement ». Deuxièmement, c'est de savoir pour quelle raison j'ai besoin de rechercher cette filiation. Après tout, je pourrais très bien percevoir ma nature de créature de Dieu, et ne pas m'en émouvoir autrement. C'est même ce que font la plupart des personnes. Ne pas s'interroger. Vivre simplement et honnêtement son existence. S'il y a, au bout du compte, une rencontre avec Dieu, on a tout le temps de voir à ce moment-là. Non, moi, j'ai maintenant besoin de savoir avant la rencontre. Est-ce que je suis en train de faire le malin ? Peut-être ? Mais cela vient du plus profond de moi : j'exige de comprendre pourquoi j'ai un père qui est muet. Allons : voici que j'attends chaque jour un signe, une assurance. Rien de tangible. Rien d'affirmatif. Rien d'incontestable.

Le mot est venu. Naturellement. Le mot « assurance ». Oui. j'ai besoin d'une assurance. Il est tout de même curieux que ce mot, ce maître-mot, ne s'inscrive pas plus souvent dans les Evangiles, ni dans la bouche du Christ. Je m'en suis souvent étonné, par la suite. Pourtant l'essentiel des relations entre Dieu et les êtres humains est bien le geste constamment renouvelé de l'assurance. Rassurer, assurer : n'est-ce pas la mission fondamentale des messages religieux, et du plus extraordinaire d'entre eux : le message du Christ ?

Je vais tout dire : je me suis senti définitivement engagé dans mon cheminement vers Dieu, du jour où j'ai reçu l'assurance de ma filiation. Malheureusement, je n'ai pas gardé en mémoire les détails de ce bouleversement. Je sais seulement ce qui m'est arrivé, dans des circonstances prosaïques, en voiture, la nuit. Je revenais de Nancy. La route était éclairée par la lune, assez intensément pour que l'on puisse rouler sans phares.

Je me suis arrêté au milieu d'une côte, afin de contempler le village que je venais de traverser. Le clair de lune créait sur toute la vallée une atmosphère irréelle ; sa lumière adoucissait le relief, et harmonisait les objets. J'ai regardé longuement ce magnifique paysage. Une sensation de paix, de sérénité m'a envahi. Je n'avais jamais connu auparavant cette sorte d'allégement. Non pas un état mystique : réellement un état physique de calme et de force. Il m'a semblé que, quoi que j'entreprenne désormais, la chance serait constamment avec moi.

Il n'est pas douteux que ma rupture avec le communisme m'avait laissé une impression de vulnérabilité et d'échec. Je m'étais bel et bien surpris, en état de sujétion, manquant gravement de perspicacité. Malgré tous mes efforts, je restais inquiet. Voici que surgissait impétueusement calme et confiance. Oui, je n'hésite pas à dire que j'avais l'impression d'une protection. Etait-ce ma fameuse assurance qui m'arrivait ainsi ? Brusquement et simplement comme si elle m'avait été délivrée par le courrier postal ?

Je crois que nous recevons tous, à un moment quelconque, une semblable assurance. Il suffit, pour s'en rendre compte, de se trouver disponible, à la minute même où le clin d'œil nous arrive. En fait, je ne me souviens pas avoir autrement réagi. J'ai accepté la bonne nouvelle, sûr de ne plus avoir à me battre tout seul. Encore une fois, je me suis simplement senti mieux à mon aise, et plus confiant dans mon destin.

Deuxièmement donc, je me sens en sécurité. Ne le serais-je pas aussi bien, si je ne cherchais pas à tout prix à établir une relation avec Dieu ? Que sais-je finalement de ce Dieu qui occupe déjà tant de place dans ma vie ? Me voici déjà avec deux images d'un Dieu obsédant. Une image qui convient à mon esprit respectueux du raisonnement scientifique : l'image du Dieu-Créateur. Et puis une autre image surgie des lointains de mon enfance, dans laquelle joue la magie des souvenirs et des enchantements du jeune âge.

Tant bien que mal je réussis à superposer ces deux images. L'harmonie est satisfaisante. Rigueur géométrique des figures de théorèmes, d'une part ; résurrection agréable des émerveillements des jeunes années, d'autre part.

L'image rationnelle, j'en fais mon affaire. Pour cela, je dispose de l'assistance de mon inclination scientifique. Et l'image émouvante a tôt fait d'animer les souvenirs du petit enfant de chœur que je fus. La messe de 7 heures du matin, quand le soleil enflammait les vitraux, au-dessus de l'autel, ou bien l'encens des vêpres : ces émois sont restés précis et infiniment troublants dans ma mémoire.

Je me méfie du sortilège des souvenirs d'enfance, mais je suis convaincu que les parfums suaves de mon enfance m'ont facilité la reconnaissance de Dieu. La perspicacité et la disponibilité de l'enfant aident l'homme adulte à voir clair.

Les yeux de l'enfance et l'expérience de l'adulte : un assez bon équipement pour se saisir de l'énigme de notre destin humain. Gilbert Cesbron m'a appris la vertu de ces deux qualités juxtaposées, qui font l'équilibre d'un homme. Il a su protéger son âme d'enfant, à travers une existence professionnelle, où ce genre de bagage n'est pas particulièrement recherché.

Nous avons pris l'habitude, Gilbert et moi, de déjeuner ensemble au moins une fois par mois. Je n'attendais pas de cet ami qu'il m'expliquât Dieu. Non. Je me contentais de le regarder vivre, réagir, d'écouter ses commentaires à l'égard de telle ou telle situation. La vie, au jour le jour, nous a suggéré une multitude de réflexions et de confrontations. La mort d'un ami commun, un article de Gilbert appelant de ses vœux un socialisme humaniste, une parole du Christ qui m'avait étonné ou choqué... Tout était sujet de conversation. Je me suis littéralement réchauffé à la foi de Gilbert.

Enfin j'avais un compagnon qui prenait le soin de m'écouter, fraternellement. Je n'étais plus seul. Un jour que je déplorais d'avoir perdu tant d'années à militer au parti communiste, et à ignorer ce prodigieux débat de l'âme, Gilbert me répliqua vivement que j'avais tort de penser cela. « Tu as appris qu'il est important de s'occuper des autres, et à croire passionnément en une idée. Ne pas être un tiède, crois-moi, c'est fondamental... »

A cette époque, c'est-à-dire vers 1965, j'avais donc la vision assez nette d'un univers créé. Et je me plaçais alors au sein de cet univers, comme un être solidaire de tous les autres êtres humains. Je ressentais nettement que la créature humaine dépasse infiniment le petit jeu purement biologique de la croissance, de la reproduction, de la maladie, du vieillissement et de la mort définitive. Arrivé à ce stade de ma conviction, je recherche, c'est bien normal, la chaleur, les relations chaleureuses. L'amour, quoi !

Je ne ressens pas l'impulsion irrésistible que j'attendais, et qui devrait me projeter dans l'océan d'amour, de quiétude, dont rêve tout néophyte. D'où me vient cette froideur ? De mon passé communiste fermement attaché au concret de l'existence terrestre quotidienne, ou de mes exigences du raisonnement scientifique ? Pourquoi ces questions de mes rapports avec Dieu ne m'ont-elles pas saisi plus tôt ? Pourquoi la lecture de la Bible ne fixe-t-elle pas mon attention ? J'ai l'impression de lire un conte pour enfant.

Que sais-je de l'Histoire religieuse des hommes ? Des guerres, des cérémonies gigantesques, des édifices vertigineux, des mots célèbres qui ont réussi à franchir des enfilades de siècles, des exemples édifiants de sainteté et de résignation, des obstinations qui conduisirent au sacrifice de la vie. Tout cela est lié à mon enfance, au temps de ma naïveté et de la promptitude à l'émotion. Je trie mes souvenirs d'enfant, et je vois surgir cette croix de fer forgé qui perpétue le souvenir du pape Urbain II, passant dans mon petit village bourbonnais de Charroux, pour s'en aller prêcher la croisade à Clermont-Ferrand. Une croix que plus personne ne considère aujourd'hui, bien qu'elle ait au minimum huit siècles d'âge. Je me rappelle évidemment ma première communion : mon costume bleu, le brassard au bras gauche, les vêpres où l'évêque de Moulins promenait sa belle prestance et faisait baiser sa bague.

Des souvenirs, où le solennel se mêle à l'insolite. Cela ne suffit pas pour émouvoir ultérieurement l'adulte qui s'est volontairement durci, tout au long d'une existence d'escarmouches et de combats contre l'adversité quotidienne. Ce n'est donc pas dans les réminiscences de mon enfance religieuse que je découvrirai cette fameuse impulsion irrésistible dont j'ai obscurément besoin.

Et puis, il y a le visage des vieilles gens qui fréquentaient l'église de mon village. Des femmes âgées qui venaient à la maison et qui gémissaient avec ma mère, sur l'impiété, la perte de toute morale. J'avais gardé de ces lamentations l'idée vétuste de la religion. Par conséquent, Dieu ne pouvait aimer que les vieilleries, le suranné. Je comprends pourquoi Jean XXIII a taillé à bras raccourcis dans ce fâcheux décor d'une Eglise encombrée de fripes en lambeaux. Il me fallait donc aussi gommer ces souvenirs, surchargés d'enlaidissements, au fil des années.

Du Christ, j'avais la connaissance romanesque du catéchisme des années 25-30. Une connaissance superficielle. D'emblée, je ne me suis pas senti attiré par le Christ. Je le trouvais parfois prétentieux, trop porté au paradoxe. Cette formule « En vérité, je vous le dis... » finissait par m'irriter. Et que dire de la parabole de la vigne et des ouvriers de la onzième heure ? Mahomet, Bouddha, Mani : je me suis intéressé à eux, mais brièvement. Dieu ? Oui, je l'aperçois. Je suis relié à lui. Je dépends de lui. C'est une sensation physique. Impossible de m'imaginer dépourvu de cette relation.

Alors faut-il se contenter de l'impression de la relation, du contact ? Ou bien dois-je rechercher la réalité du face à face ? Est-ce si utile de voir Dieu ? Parfaitement, c'est utile. Indispensable même. Et c'est la conviction de cette nécessité qui m'a inévitablement conduit au Christ.

Que de difficultés, sur ce chemin exténuant ! Là encore, disséquons les périodes : Dieu se révèle, plus ou moins, et dicte son fameux décalogue à Moïse, sur le Sinaï. C'est le temps où l'homme de la protohistoire connaît déjà l'écriture, ainsi que l'art de gouverner des pays qui se sont formés, peu à peu, autour de capitales et de chefs consacrés. Je suis frappé, à ce moment-là, par l'opportunité de cette intervention de Dieu. Sociologiquement, historiquement, le principal pays de notre hémisphère : l'Egypte pharaonique, qui possède déjà ses pyramides, s'oriente vers le « Nouvel Empire ». Aménophis IV a persuadé son peuple d'adorer le Soleil. Eperdue de peur et d'amour filial, la civilisation égyptienne d'alors se cherche un maître qui soit également un père. Elle prend, pour tels, l'objet le plus omniprésent qui tombe sous ses sens : le Soleil. Un culte qui ne manque pas de logique, puisque toute vie terrestre n'existe que par la chaleur et la lumière du Soleil. C'est donc, face à l'orgueilleux empire qui campe sur les champs de bataille du Haut-Nil et de Syrie, que Moïse reçoit de Dieu les dix commandements qui ne cesseront plus, désormais, de régir la morale humaine, jusqu'à nos jours. Portée par ce que l'on appellera plus tard « la civilisation judéo-chrétienne », cette morale du décalogue sera adoptée par l'Islam, et influencera le comportement de l'humanité tout entière.

Que l'on réfléchisse ! Les hommes d'Egypte ont alors édifié un empire colossal. Pyramides se dressant, le plus haut possible, vers le ciel. Ivresses des gloires sauvages, surgies dans le silence funèbre des immenses affrontements guerriers, jusque par-delà l'Euphrate. Orgueil de se croire fils du Soleil. Dans l'Egypte pharaonique, et plus généralement à ce carrefour de deux continents qui a servi de berceau à la civilisation de l'écriture et du calcul, voilà que s'affirment la prééminence des peuples violents, l'autorité des rois conquérants, et la suprématie des dieux au cœur sec. Le dieu Amon cède finalement le pas au dieu Aton qui personnifie le Soleil. De l'or, du sang, et des larmes. Déjà !

A son interlocuteur juif, jadis rescapé des massacres de garçonnets, Dieu va révéler un nouveau code de vie. Rencontre éblouissante, à ce moment même, où le peuple égyptien, vraisemblablement le plus évolué de la planète, alors, sur le plan technique, militaire, politique, se trouve néanmoins dans la pire confusion morale et religieuse. Ce peuple a adoré toutes sortes de dieux : animaux, plantes, objets et jusqu'à d'autres hommes.

On racontera ce que l'on voudra, je ne croirai jamais qu'un cerveau humain de ce temps-là, forcément assiégé par l'orgueil, la haine, l'inquiétude et l'impatience qu'exprime, presque tout au long de son emprise, la XVIIIe dynastie, ait pu concevoir l'admirable décalogue du Sinaï.

Tout est là : les rapports entre les hommes et Dieu, et aussi les rapports entre les hommes. « Je suis le Seigneur votre Dieu... Souvenez-vous de sanctifier le jour du Sabbat... Honorez votre père et votre mère... Vous ne tuerez point... Vous ne désirerez pas la maison de votre prochain... »

Qu'à ce moment précis de l'Histoire humaine, Dieu propose les dix lois fondamentales du comportement, je trouve cela éminemment paternel. C'est le début même des relations familiales qui ne cesseront plus, entre Dieu et les Hommes. Quels que soient le message, et même le messager. Auparavant, ce sont essentiellement des réponses fragmentées, des suggestions, des tableaux frappant l'imagination. A la mesure de la compréhension des êtres humains, en route vers la compréhension raisonnable de l'univers et de l'humanité.

Oui, j'ai été surpris, puis passionnément intéressé, par cette obstination de se tenir à la portée de l'entendement humain, dont témoigne le message de Dieu. C'est cette notion d'une évidente synchronisation de la communication divine, avec le niveau de compréhension des interlocuteurs humains du moment, qui me semble être la preuve même de l'authenticité de cette communication. A des auditeurs à peine sortis des simplicités de la préhistoire, Dieu communique par images. Il fait surgir des feux, des fantasmagories qui attirent l'œil, et retiennent l'attention. Le tout est de marquer l'événement.

A l'humanité déjà rompue au commerce, à la guerre, au lucre, Dieu adresse le décalogue du Sinaï. C'est cela qui s'appelle « tomber juste ». Ne serait-ce que cette concordance-là, elle me suffit pour apercevoir nettement l'intention, l'évaluation exacte des conséquences. Un publicitaire dirait que le message frappe à bon escient la cible, et qu'il y a un impact idéal.

Voilà, fidèlement raconté, ce que j'ai ressenti, lorsque je me suis mis en tête de remonter à la source. Certes, comme bien d'autres errants de mon espèce, je ne me suis pas attardé à certaines scènes racontées dans la Bible. Je conviens que, dans ces livres qui nous viennent par-delà les millénaires, on rencontre pas mal d'invraisemblances. Mais la paléontologie, que l'on voudrait nous présenter comme une science exacte, n'en comporte pas moins. Je suppose même que le bon tiers de ce qui est solennellement affirmé aujourd'hui, à propos des origines paléontologiques de l'homme est erroné.

Cela ne nous empêche pas d'imaginer à grands traits ce que put être l'hominisation. Quitte à rectifier, au fur et à mesure que nous parviendrons à enrichir notre gros dossier, si substantiellement « actualisé » depuis une dizaine d'années par Leakey et ses collaborateurs.

Le Dieu de mon enfance me gênait, car il était à la fois merveilleux et terrifiant. Ma mère me disait indifféremment : « Tu vois, tu as été bien sage aujourd'hui : le Bon Dieu est content » ; ou bien :

« Ferme vite les volets, il va tonner. C'est le Bon Dieu qui se fâche... » Comment le Bon Dieu passait-il aussi aisément du bon sourire paternel, à la grosse voix bourrue du Monsieur en colère ?

Alors, finalement, le Bon Dieu de mon enfance, j'en garde seulement un souvenir. Ni bon, ni mauvais : le souvenir d'une gentille blague, qu'on ne devrait pas raconter aux enfants, car ils y pensent toute leur existence, ces galopins. Et cela risque de leur compliquer le raisonnement, un jour.

Quant à Dieu, dont j'ai méthodiquement découvert la trace, je ne dirai pas que j'ai eu la faveur d'un rendez-vous avec lui. Mais je suis persuadé de son existence, et de ce que tout ce que je suis capable de découvrir autour de moi et en moi résulte de sa création.

Quand je dis que je n'ai pas eu la faveur d'un rendez-vous avec Dieu, c'est une manière de parler. Car, évidemment, je ne me serais pas contenté de penser Dieu, d'imaginer Dieu. J'ai violemment éprouvé le besoin de ressentir sa présence, également.

CHAPITRE V

Sur ce chemin raisonnable

Me voilà donc engagé dans cette relation d'un nouveau genre, avec un interlocuteur dont la puissance me subjugue, mais qui reste obstinément invisible à mes yeux. La raison m'a conduit vers Dieu ; pourtant j'ai l'impression d'être parfois déraisonnable, en insistant dans cette recherche religieuse. A quoi, vers quoi me conduira finalement la persistance à poursuivre mon dialogue paradoxal à une voix ? Je n'en sais rien, sinon qu'il m'est désormais impossible d'arrêter là mes « entretiens ».

De chaque tête-à-tête, je sors généralement rasséréné, ému. Les objets, alentour, sont embellis. Les êtres également. Après des années de tourment, c'est comme un retour en quelque lieu, où l'on a été heureux. Mon métier m'agrippe quatorze heures par jour. Des jours denses, qui me projettent aux quatre coins du monde, dans l'univers des créateurs scientifiques. Je vois littéralement naître le futur.

Et la politique ? Après une longue période d'indifférence, et même de rejet, les convulsions de 1968 m'irritent. Que ces gamins, fils et filles de bourgeois, ressentent à leur tour le « mal du siècle », comme crurent l'éprouver les romantiques du siècle dernier, passe encore. Mais que des adultes prennent au sérieux ces délires juvéniles, là sincèrement, les bras m'en tombent. Tout le repas de communion de ma fille Catherine a été envahi par le tintamarre de mai 1968. Le médecin, le journaliste célèbre, le polytechnicien : ils étaient tous en goguette psycho-politique. Ce fut pénible. Comment expliquera-t-on pareille crise de tournis, s'emparant des adultes de 1968. Je serais curieux de le lire, sous la plume des historiens du prochain siècle. Sans doute évoquera-t-on ce vieux fond de romantisme épique, qui resurgit périodiquement, à chaque siècle.

Des divers partis et mouvements politiques, les communistes furent les plus prompts à analyser justement la grosse grippe de l'Occident libéral, en mai 1968. J'ai croisé leur défilé, près de la gare Saint-Lazare. Un silence oppressant dans les rangs. L'ordre des troupes aguerries et fermement encadrées. Selon la bonne vieille méthode, il y avait un état-major à chaque extrémité du défilé. De la sorte, pas de débandade, en cas d'attaque policière. Cette armée ne cherche pas l'accrochage avec les forces de l'ordre. Elle est là, au cœur de Paris, simplement pour affirmer, à la population excédée par tant d'anarchie et d'impéritie, qu'il existe un recours éventuel à des gens d'ordre et de discipline.

Je reconnais là ces veillées d'armes, que j'ai moi-même vécues, en 1947-1948, et si souvent durant la « Guerre froide ». Ma solitude politique me prive de tout contact. Je ne sais à qui confier mon alarme. J'appelle le Pr Georges Mathé, un homme que j'aime et admire, et qui est alors membre du Comité central du mouvement gaulliste : « Georges, je crois que les communistes sont disposés à prendre le pouvoir, si le chaos se prolonge encore un peu. »

Soudain, on apprend que le général de Gaulle a disparu. C'est le désarroi. Pas pour longtemps, car la nouvelle se propage que les blindés font mouvement autour de Paris. Les communistes effrayés crient sur tous les tons qu'ils respectent la loi républicaine. Traduction, pour les militants : ne vous jetez pas dans l'aventure. Ce n'est pas le moment. En effet, le 30 mai 1968, la majorité silencieuse, qui n'a digéré ni les insultes au drapeau national, ni les abattages d'arbres, dans les grandes villes de France, descend dans la rue. Je suis avec Gilbert Cesbron aux Champs-Elysées. La veille encore, nous n'étions pas gaullistes. Nous ne le sommes peut-être pas encore, à cette minute, où nous quittons Radio-Luxembourg, pour les Champs-Elysées. De Gaulle, d'un coup sec a réveillé le « cher et vieux Pays ». Nous voici piétinant, dans ce bruit de l'océan. En direction de l'Arc de Triomphe que nous n'atteindrons jamais, tant la foule est dense.

Qu'est-ce qui est monté en moi ? D'où cela vient-il ? Sentimentalité de ma jeunesse : la patrie, le drapeau, Verdun, les cuivres régimentaires, la voix tonnante de Hugo, les envolées de Jaurès ?

Toutes ces fanfares assurément, et bien d'autres qui ont émergé de mon subconscient. Dans ces moments-là, on réagit avec tout l'être. Pas seulement la tête. Ce qui explique que l'on devienne méchant, le cas échéant. On est passionné. Les Français perdaient la tête, de passion. De part et d'autre. Les parents et les enfants se regardaient méchamment. Ce fut terrible. Je me suis senti proche du vieil homme arrivé au soir de sa vie, et qui surprenait l'éternelle fiancée française saisie d'une folle envie de se mettre en ménage avec quelque autre prétendant. J'étais proche de De Gaulle, mais incapable de me passionner de nouveau, pour un combat politique. Finie la frénésie militante de jadis.

Non décidément, mon affaire urgente était bien ma conversation avec Dieu. Mais, il y avait des retenues, des freins. C'est le moment, où j'ai commencé à interroger mes amis scientifiques les plus amicaux. Non pas que j'éprouvais le besoin de leur appui, ou de leurs encouragements. Je voulais seulement savoir comment un cerveau formé à la discipline du raisonnement et de la recherche scientifiques se débrouille, face à l'interrogation religieuse. Le premier chercheur scientifique à qui j'ai posé la question fut Henri Dessens, qui était alors l'un de mes interlocuteurs favoris. Il m'est arrivé plusieurs fois de traverser la France, aller et retour, en quarante-huit heures, pour aller enregistrer dix minutes d'émission radio, avec Henri Dessens.

J'ai ainsi vu naître et grandir son institut de recherches atmosphériques, sur le plateau de

Lannemezan, au Campistrou. Nous revenions du Luxembourg, quand surgit la silhouette imposante de l'église de Notre-Dame-de-l'Epine. Ce qui me donna l'idée d'interroger Henri Dessens : « Croyez-vous en Dieu ? » Non, il n'y croyait pas. Du moins, pas vraiment. Il ne s'engageait pas dans le pari. Certes, la complexité de la nature, de la vie, et à plus forte raison de l'être humain, ne laissait pas Henri Dessens insensible. Mais objectait-il, quels éléments de raisonnement avons-nous, de manière certaine ? Aucun. Alors, le mieux n'est-il pas de se tenir dans l'expectative ?

Une attitude très répandue dans le milieu scientifique. On se contente de regarder les phénomènes visibles, accessibles. C'est déjà bien assez astreignant. Et puis, le cosmos : grand, moyen ou petit, n'inflige-t-il pas, tous les jours, la leçon de chose des trois états : la naissance, le développement adulte et la mort ? Pourquoi envisager une exception pour l'être humain ? Quant à savoir qui a créé tout ce que nous découvrons, estimait Henri Dessens, le mieux n'est-il pas d'abord de tenter de comprendre ce qui nous est révélé concrètement ? Une manière de raisonner qui est bien dans l'esprit du positivisme, du scientisme.

Un peu plus tard, j'ai posé cette même question de la foi religieuse à Georges Mathé. S'il est un homme qui dégaine aisément, face à la mort, c'est bien Georges Mathé. Un fantassin du Morvan qui marche au clairon. Les atomisés yougoslaves ? Il est là, se bat, sur un terrain encore jamais défriché.

Il gagne. La leucémie aiguë, celle qui emporte les enfants ? Il est encore là, et découvre une méthode de combat, associant la chimiothérapie et l'immunothérapie. La maladie de Hodgkin ? Toujours là. En vainqueur. Un homme qui connaît la mort, non seulement comme phénomène biologique, mais aussi en tant que gigantesque événement métaphysique. Cet événement auquel nous pensons pendant toute notre existence, qui nous effraie ou nous attire, et contre lequel se rebelle notre corps physique, alors que notre être métaphysique s'y prépare.

Même d'être chaque jour témoin de ce cataclysme ne prédispose pas Georges Mathé à la moindre interrogation religieuse. Lui aussi subit ou explore l'événement, du seul point de vue physique. Rien que le phénomène somatique. Le corps : oui. L'âme ? On ne sait pas. On n'a pas le moyen de savoir. Ces diverses réponses ne m'ont pas facilité, on le comprendra, ma recherche.

Un jour, pourtant, un scientifique m'a encouragé. Ce fut involontairement de sa part. Je venais de terminer un enregistrement avec Henri Laborit, chercheur génial, mais toujours en conflit avec le reste du monde, et qui trouve néanmoins le courage de persister seul contre tous, parce qu'Henri Mondor lui avait écrit sa foi en lui. Henri Laborit se trouvait donc déjà seul, isolé, au piquet. Pour une période indéterminée. Nous parlions de ses succès, de ses rêves, des persécutions des autres, des injustices de quelques grands pontes qui avaient plus ou moins fait main basse sur des trouvailles de Laborit.

Nous allions nous séparer, quand Henri Laborit évoqua Dieu, sa conviction qu'existe un créateur. Ai-je mal compris ? Laborit a-t-il pudiquement dissimulé sa certitude ? Je ne l'ai plus trouvée, aussi clairement formulée, dans ses œuvres littéraires ultérieures ? Mais je suis certain que cet homme est un chouchou de Dieu. Ce qu'on aurait appelé jadis un être comblé des dons du Ciel.

Un autre scientifique compte dans mes références, à cause de sa valeur de savant, et aussi parce qu'il est un homme sage et bon ; c'est Evry Schatzman. Nous ne nous fréquentons guère aujourd'hui, mais nous nous connaissons depuis maintenant trente-trois ans. Evry Schatzman est l'un des plus valeureux astrophysiciens de ce temps. Nous étions membres de la même cellule communiste du 8e arrondissement de Paris, à la Libération. On l'appelait « le savant ». Ensuite, dirigeant une collection de vulgarisation scientifique, j'ai confié à Schatzman un ouvrage sur les planètes. Tout cela a créé, entre nous, des liens solides qui font que ses réactions m'importent.

Comme la plupart des intellectuels de ma génération, Evry Schatzman a quitté le parti communiste, en 1959, n'en pouvant plus de doutes, de désaccords, et de tristesse. Il est devenu, par la suite, président de l'Union rationaliste, l'une des deux organisations antireligieuses les plus hargneuses. Dès le départ, l'Union rationaliste a été engagée, par ses fondateurs Henri Roger et Paul Langevin, sur le sentier de la guerre contre « la croyance aux diverses révélations qui enseignent des dogmes incompatibles avec l'esprit scientifique, et répandent dans le public la foi aux miracles et le goût du surnaturel ».

J'ai bu de ce lait-là, moi aussi. Il est difficile de se défaire du goût de cette nourriture ; ce qui veut dire que la formation matérialiste est tenace. Combien de fois, depuis le début de ma réflexion religieuse, ai-je entendu la voix de la mise en garde, me recommandant de ne pas céder aux *Contes de la Mère-l'Oye.* N'oublie pas que deux et deux font quatre, que rien ne saurait sortir de rien, que tout a un commencement et une fin, que l'esprit scientifique exige que l'on s'en tienne aux faits, à la seule réalité des faits...

D'un côté donc, voici le tourment de Dieu : la présomption obsédante de la présence de Dieu, à l'origine de tout ce qui tombe sous nos sens. Et de l'autre côté : le petit territoire limité par une rambarde, nous condamnant à un confinement matérialiste qui ne se termine qu'avec la mort. La prison du scientisme est de celles qui interdisent toute possibilité d'évasion. On y marine sans fin dans un climat d'orgueil. L'orgueil de tout vouloir expliquer, et de contester Dieu, pied à pied. Le B, A BA du scientisme, par exemple, c'est de mobiliser Darwin, afin de persuader les braves gens que la vie terrestre a volé de perfectionnements en perfectionnements, parce que tout au long de l'Histoire du Vivant, il y a eu la vigilance active de la sélection naturelle, ce mécanisme naturel qui éliminerait les faibles et ne garderait que les forts pour procréer, et assurer la descendance d'une espèce. Mais deux trublions de la biologie viennent justement de porter la contradiction à Darwin, et à sa théorie de la sélection naturelle. Des trublions d'importance, puisqu'il s'agit du lauréat du prix Nobel de biologie : Francis Crick, l'un des découvreurs du code génétique.

Aussi sûre et affirmative qu'apparaisse une thèse scientifique, elle n'en sera pas moins modifiée, et parfois démentie, dans les dix années qui suivent sa formulation initiale. Ainsi va la gloire du monde, et à plus forte raison les belles assurances du moment. En l'espace de trente années, j'ai entendu proposer au moins cinq théories successives de la formation de notre planète, du système solaire. Théories successives et contradictoires.

Certes, la science est séduisante. Rien n'est plus exaltant que l'exploration des mystères de la nature. D'autre part, la connaissance scientifique constitue l'essentiel de notre supériorité, dans l'ensemble de l'animalité supérieure. Je me rappelle la joie d'avoir construit mon premier émetteur-récepteur de radio, dans les ateliers du 28e génie-transmissions, à Montpellier, en 1939. J'étais tout fier d'avoir créé de mes mains un appareil qui parlait, jouait de la musique et chantait. C'était fantastique, excitant de canaliser ainsi les électrons, et de les obliger à animer la membrane du haut-parleur « électro-dynamique », comme l'on disait à l'époque. Mes connaissances de l'électronique pouvaient donc déboucher, au-delà des relations intellectuelles et contemplatives, sur des applications concrètes. C'était une sorte de maîtrise de phénomènes infiniment troublants. J'avais alors des liens charnels, avec la science. Ce sont des liens bienfaisants, rassurants même, à la condition de ne pas trop les serrer, c'est-à-dire de leur accorder trop d'importance. On glisse aisément vers la surestimation de la puissance du « scientisme » ; il y a du Lucifer en tout être humain. A plus forte raison, chez le scientifique qui participe à l'investigation des mystères de la nature.

Dans une vingtaine d'années, l'œil impartial des historiens s'étonnera de la place hypertrophiée que nous accordons aujourd'hui à la population scientifique. On comprendra alors pourquoi, d'instinct, l'humanité des pays industriellement développés se sera peu à peu éloignée du mythe de la science-majesté. Les scientifiques réintégreront alors leurs places de simples travailleurs. Il n'y aura pas eu de « remise en cause scientifique des religions ». Cela, parce que les objections scientistes à la création divine n'ont pas davantage d'effets que les agaceries de la puce, sur la croupe de l'éléphant.

Nous citerons, à ce propos, les réflexions de J.-B. S. Haldane, savant anglais de réputation internationale, qui voulut, à un moment des années 1955-1965, jouer le rôle d'une conscience éclairée du matérialisme scientifique. Haldane fut certainement plus qu'un compagnon de route du communisme, vraisemblablement un militant aristocratique du parti communiste anglais. Et puis, cet homme se retira sur la pointe des pieds de tout le tohu-bohu des diverses organisations scientifiques marxistes. Il alla finir ses jours en Inde. Mais quelques semaines avant de quitter l'Europe, il assista à un banquet.

C'était un dîner de la *Society for Experimental Biology,* auquel se pressaient les membres les plus célèbres de la *gentry* scientifique de Londres.

« Croyez-vous au Ciel ? » demanda-t-on au Maître. Et le maître se leva. D'une voix grave et hésitante, il commença ainsi son petit discours-réponse :

« Je ne parviens pas moi-même à croire au Ciel, mais il se pourrait que j'aie quelque idée de ce que pourrait être un tel site, s'il devait exister... Je trouve que ce dîner est très sympathique. Vous avez eu la bonne idée de placer deux ravissantes jeunes femmes à ma droite et à ma gauche. Nous vivons ici-bas, dans un monde à trois dimensions, ce qui fait que deux jeunes et belles femmes peuvent y vivre côte à côte. S'il existe, j'imagine que le Ciel comporte « n » dimensions, ce qui m'autorise à croire que j'y rencontrerais « n » ravissantes jeunes femmes. Les dîners du Ciel sont donc enchanteurs. »

Une pirouette de savant facétieux, pris de court ? Peut-être ! Mais j'ai la malice de croire que Haldane a voulu dire, tout simplement, que le Ciel ne saurait être qu'un royaume de joie, de toutes les joies, de tous les bonheurs que conçoit l'esprit humain. Belles femmes, pour certains, ravissement de l'âme, pour d'autres. Plaisirs infiniment variés, pourvu qu'ils ne lèsent quiconque et fassent de mal à personne. Tous les goûts sont dans la nature humaine ; et ce ne serait pas la peine de se donner tant de mal sur la Terre, pour satisfaire ces goûts, si l'on devait se priver de leurs joies, une fois arrivé au Ciel. Les belles jeunes femmes de Haldane ne sont-elles pas les Houris que le Coran promet au Musulman méritant ? Rien, dans l'eschatologie, n'aide à imaginer les joies du Ciel. A moins que les joies soient tout bonnement celles de la Terre. Pures et humaines, cela va sans dire.

Plus j'y réfléchis, et plus ma curiosité scientifique épaule ma recherche de Dieu. L'univers scientifique fourmille, lui aussi, de mystères et d'énigmes. J'éprouve une délicieuse griserie à errer dans cet univers. Il m'est agréable de m'abstraire, de me réfugier dans le paradoxe de l'espace-temps, dans l'imaginaire de la paléontologie humaine. Je prise fort l'invraisemblable géométrie de Mœbius : sa bande retournée qui, du coup, perd une de ses deux faces, sa bouteille qui devient un volume sans intérieur, et ne peut donc contenir la moindre goutte d'eau. Les « trous noirs » de l'univers cosmique où la matière atteindrait des densités fantastiques, les particules qui dépassent la vitesse de la lumière, le charme qui « colore » certaines autres particules de notre propre matière terrestre, les mondes qui explosent, se rassemblent, puis se dispersent de nouveau. Et ce sacré cosmos qui décidément refuse de nous faire savoir une bonne fois pour toutes s'il est en expansion, s'il est statique, ou s'il se contracte.

Des mystères : la science en remue à la pelle.

Mystères qui, dans la plupart des cas, ne recevront jamais de réponses. Il me paraît paradoxal d'entendre les scientifiques refuser les inconnues de Dieu...

Ce fut donc cela ma période de transition : besoin de spiritualité et d'exceptionnel, tout en restant les pieds sur le sol.

Ma chance fut de m'occuper de paléontologie humaine. En l'espace d'un an, je m'immisçais dans l'existence passée de peuples qui sont aujourd'hui disparus. En tant que cultures, du moins. Grâce à trois séries de voyages hors du temps, j'ai physiquement ressenti l'abolition de la notion du passé, du présent et du futur. La rencontre concrète avec les tombeaux ou les constructions de ces peuples d'hier, la restitution des paysages que découvraient alors leurs regards, un contact évident de nos âmes, par-delà les millénaires : ce fut pour moi la prodigieuse révélation de l'inexistence des barrières du temps.

Je ne savais encore rien du raisonnement de Costa de Beauregard, concernant l'espace-temps, mais je ressentais, au retour de Carthage, la certitude d'un séjour effectif dans un passé vieux de vingt siècles, parmi cette population extraordinaire des Phéniciens transplantés aux confins occidentaux de la Méditerranée. Guidé par des connaisseurs passionnés de la civilisation carthaginoise, je distinguais nettement, sous la Tunisie d'aujourd'hui, le visage détaillé du pays qui avait défié Rome. Je cheminais, avec les Carthaginois, le long de la côte, m'arrêtant à chacun de leurs points d'eau. De cinquante en cinquante kilomètres. Je priais dans leurs cimetières. J'imaginais les sacrifices humains, sous les collines de Carthage, dans la nuit rougeoyante que nous décrit Flaubert. Bref, je plongeais, pendant des jours et des jours, au sein de ce peuple épris de mort et de violences.

Etrange expérience que je fis là : l'expérience d'un dédoublement. D'une autre vie, qui avait les couleurs envoûtantes d'un rêve, et éclatait soudain à la réalité du soleil et de la pluie. Expérience que j'ai répétée, en l'amplifiant, deux fois de suite : une fois parmi les Gaulois et une autre fois avec les Etrusques.

Un petit livre excellemment troussé, sur les Gaulois, venait de paraître. Mme Régine Pernoud nous présentait enfin des Gaulois en chair et en os. Emballé par cette résurrection réussie, me voici parti pour la rencontre de Bavay : petite ville du Nord de la France, non loin de Maubeuge. Bavay, que Régine Pernoud a couvé d'un regard particulièrement attendri. A Bavay, les Romains ont construit l'un de leurs monuments les plus audacieux d'Europe occidentale. Tout simplement, dans le but apparent de subjuguer ces braves Gaulois Nerviens qui étaient restés invaincus. Pendant des siècles, coexistèrent ainsi un Bavay gaulois et un Bavay romain, qui s'aguichèrent réciproquement. Un peu comme le font aujourd'hui les deux Allemagne, ou les deux Corée, les unes et les autres séparées par une frontière de guerre.

A Bavay, à Alésia, aussi bien qu'à Bibracte, on perçoit la présence poignante des hommes du passé.

Leurs nattes, leurs casques, leurs palabres, leurs bijoux de verre coloré, leurs faucheuses mécaniques qui coupaient le blé : tout devient actuel, réel, présent. Il n'y a plus de millénaires. Je suis de plain-pied avec hier. Un contact physique me persuade de la continuité humaine. J'ai trouvé cette même perception chez Renan, dans l'admirable page qu'il consacre à la découverte d'un village de la côte bretonne. Sensation physique de sauter dans le passé, par-delà les générations. Ces murs de pierre de Bavay, d'Alésia, de Carthage, je les voyais, exactement comme les avaient vus leurs constructeurs. Il n'y avait plus de siècles entre nous : le grain des pierres, le liant du mortier étaient restés identiques. N'est-ce pas cela que l'on appelle la « compression du temps » ? C'est ainsi que j'ai pu concevoir une vague idée de l'Eternité, plutôt de la libération de cet obsédant « goutte à goutte » du temps. Et quand on en est arrivé là, il est presque facile d'accéder à un à-peu-près du regard de Dieu.

Dieu n'a-t-il pas le pouvoir de télescoper le temps, d'observer simultanément le passé, le présent, et le futur ? Dès l'instant, où l'on parvient à se mouvoir ainsi, hors des divisions du temps, sans souci des frontières biologiques délimitant le commencement et la fin d'une existence individuelle, l'idée de Dieu nous devient accessible, naturelle. Je devais vivre de nouveau, avec cette sensation si particulière de l'abolition du temps, lorsque je participai à des fouilles, dans les nécropoles étrusques, près de Tarquinia, au nord de Rome.

Dans cette pièce faite de main d'homme, murée, ornée, tout dormait depuis vingt siècles. Le temps a perdu, ici, toute signification. On rejoint instantanément les artistes qui ont ciselé ces marbres, et tourné ces vases précieux. On sert la main des familiers du défunt. On les voit, on leur parle. Le regard, ce matin-là, ne s'intéresse pas aux cyprès du chemin qui descend vers le lavoir, ni aux femmes si belles contournant la petite place de Tarquinia. Plus rien ne mérite attention que la chambre funéraire, où fut bloqué le cours du temps. Cette chambre et sa prodigieuse charge de sentiments et de présences humaines. Hommes de toutes les époques : d'hier et de demain, nous sommes bien ensemble de la même cordée. A l'assaut des mêmes épreuves, réclamant la même sollicitude, le même amour.

De ces trois explorations du passé, j'ai ramené deux certitudes. La première, c'est que notre petite comptabilité des jours et des années de notre existence matérielle ne convient nullement au calcul et à la recherche de nos relations avec Dieu. Notre manière d'évaluer le temps qui coule durant notre brève vie biologique est disproportionnée, par rapport au regard éternel de Dieu. Et ce regard de Dieu ne peut qu'être éternel, car il saisit tout à la fois la réalité du bébé se traînant sur le sol, et la marche chancelante de ce même être humain arrivé au stade ultime de la sénilité.

Deuxième certitude : la mort ne marque pas la frontière du néant ; c'est simplement un épisode énigmatique de notre destin. Je mets au défi quiconque a passé, ne serait-ce que quinze jours en compagnie des Etrusques, dans l'obscurité de leurs hypogées, de douter de la nature transitoire de la mort.

Je ne parle pas de la chaîne que constitueraient les êtres humains se succédant de génération en génération. Certes, il y a une pérennité, une continuité de l'espèce qui ne cesse de s'édifier en fonction du legs héréditaire d'un stock de chromosomes en usage depuis des millions d'années. Que cette espèce évolue finalement vers la perfection de l'Oméga teilhardien, c'est possible. Je crois personnellement que c'est bien ainsi que s'organise l'ascension de l'humanité. Mais il y a aussi le destin de l'individu, de la créature. Un destin qui est important, extrêmement important. Chaque être humain porte son fardeau d'espoirs et de douleurs. A quoi servirait de ne penser qu'à la « chaîne-espèce », si des « maillons-individus » devaient craquer à tout bout de champ ?

Voilà à quoi nous devrons réfléchir. Car nous avons les moyens de réfléchir à ces questions. Il n'est pas vrai que Dieu joue à nous faire suer sur des puzzles, se contentant de buissons ardents, pour nous éclairer.

Voulez-vous que je vous fasse part d'une supposition qui m'est chère ? La voici : dans la mesure où, par impossible, la science devrait conduire à la certitude de Dieu, c'est la biologie qui aurait le plus de chances de réussir cette percée. Tout simplement, parce qu'elle est la science de la vie, de la matière vivante, et que c'est dans l'univers du vivant que l'on a le plus de possibilités d'apercevoir le doigt de Dieu. Regardez comment se transmet le flambeau de la vie : dans une irrésistible communion de désir tout d'abord, puis à l'abri d'enceintes de protection qui ont été imaginées chacune en fonction du milieu de la gestation. Dès la première seconde, tout est prévu, programmé, inaltérablement mis en place.

Un soir, la télévision française donnait la parole à un médecin réputé : Jean Bernard, qui accepta de parler de son trouble métaphysique. Cet homme est sûrement en train de se débattre contre les vieilles entraves du scientisme. Il a eu le courage de confier aux multitudes sa propre préoccupation religieuse. Nombre de biologistes se sentent, un jour ou l'autre, saisis par cette même hantise des « doigts de fée » qui ont si merveilleusement tissé le canevas de la cellule vivante.

Un ami, à qui j'ai montré quelques-unes de ces lignes de ma confession, me dit qu'on n'a pas à se soucier du raisonnement scientifique, dès l'instant où l'on se met en quête de Dieu. Aucune mesure commune entre la science : tentative d'explication raisonnée de quelques phénomènes évidents, et Dieu qui est l'amour pur et simple : voilà ce que me dit cet ami, avec lequel je ne suis pas d'accord. Sans doute, Dieu doit-il être l'amour, mais il faut bien qu'un jour nous le reconnaissions. Comme nous sommes dotés d'yeux, d'oreilles et d'un cerveau, je réclame le droit d'entrer en contact avec Dieu, également en me servant de ces outils de connaissance naturelle. Pas seulement par l'intermédiaire de l'extase.

Nous sommes dans une période, où la curiosité humaine dépasse amplement le seul champ de la curiosité scientifique. Ce qui explique le succès des apparitions d'O.V.N.I., des phénomènes de parapsychologie. Que croit-on, au juste, que signifient ces intérêts divers, pour ces sujets hors-la-science ? Un goût renouvelé pour l'irrationnel, une résurgence des ténèbres de la sorcellerie et de la magie conjuguées ? Ou bien une perversion métaphysique ?

Il y a évidemment de tout cela ; mais surtout, une formidable envie de comprendre ce qu'est la vie, et singulièrement la vie humaine. Libéré du souci de jadis de préparer, à chaque génération, la prochaine guerre, l'esprit humain prend désormais le temps de se choisir d'autres peurs, d'autres excitations, d'autres espérances.

A grands renforts de spectacles orbitaux, de débarquements lunaires, et de résurrections par transplantations cardiaques, la science des années 60 a suscité des éruptions de stupéfaction admirative. Malheureusement, le levain est vite tombé. On meurt encore de crises cardiaques. Des 101 opérés du cœur de 1968, un seul survit encore : le Français Vitria. Il n'existe aucun laboratoire, aucune usine sur le sol de la Lune. La Nasa envoie des cartes de visite, à tout hasard, à l'intention de quelque correspondant extra-terrestre. L'idée que des êtres vivants, nés et grandis sur le sol d'autres planètes puissent penser et construire des machines est une idée qui séduit tout le monde. Parce qu'elle est simple et exaltante, à la fois. De plus, elle incite au rêve.

Même fascination s'attachant à ces phénomènes de l'exceptionnel, de l'extraordinaire. J'ai réalisé, pendant un peu plus de deux années, l'émission « Histoires extraordinaires », à la radio. Des milliers de personnes m'ont raconté leurs aventures insolites, qui toutes concernaient des phénomènes mettant en action des facultés ou des perceptions non recensées et non admises par la science contemporaine. D'où le divorce entre ce que l'on appelle la parapsychologie et la science, puis les rancœurs réciproques qui s'ensuivent.

Lorsque j'ai abordé ce genre d'exploration, j'étais plus que réservé. Presque totalement incrédule. C'est un scientifique de grande réputation qui m'a incité à regarder ces phénomènes « honteux » d'un peu plus près. Yves Rocard, alors directeur des laboratoires de Physique de l'Ecole normale supérieure, venait de publier un livre : *Le signal du Sourcier,* aux Editions Dunod, spécialisées dans la littérature scientifique. A la suite de plusieurs péripéties, le Pr Yves Rocard avait acquis la certitude que certaines personnes perçoivent bien des indices correspondant à la présence d'une nappe d'eau en telle zone d'une région. Grâce à ces personnes, on a foré des puits, tout au long de plusieurs millénaires. Pourquoi ce don, pourquoi une telle particularité ? Au terme de minutieuses expériences, Yves Rocard a pu expliquer le mécanisme du

« signal du sourcier » : courant électromagnétique de l'eau de filtration, dans le champ magnétique de la Terre ; perception physiologique de ce courant électromagnétique extrêmement faible, par les magnéto-récepteurs que nous possédons à l'avant du coude ; puis brouillage des ordres du cerveau. Plus le cerveau commande de serrer très fort les doigts sur la baguette, plus la main relâche sa pression. La baguette du sourcier s'incline, en conséquence du bafouillage de notre cerveau trompé par le champ parasite de la nappe souterraine, qui excite nos magnéto-récepteurs.

Voilà qui est simple, clair, naturel. La découverte d'Yves Rocard a encouragé les expérimentateurs impatients de se lancer, à leur tour, dans l'étude des divers phénomènes extraordinaires. Un vaste secteur de notre environnement reste mystérieux, extraordinaire. On l'a jusqu'ici entouré de hauts murs qui en interdisent l'accès.

La détection des magnéto-récepteurs de nos avant-bras a suggéré aux chercheurs que ces appareils servaient vraisemblablement aux êtres humains qui s'aventurent au sein des déserts, pour des randonnées de plusieurs centaines de kilomètres, hors des pistes et points de repères. Effectivement le couplage de ces deux magnéto-récepteurs disposés symétriquement, de part et d'autre de notre corps, fait office de boussole influençable par le champ magnétique de la Terre. Cette boussole interne guide les nomades du Sahara, aussi sûrement que le ferait une boussole classique.

Jadis, tous les êtres humains eurent à leur service cette boussole naturelle ; ce qui facilitait leurs déplacements dans un monde dépourvu de routes, de pistes, et de signalisation. Aujourd'hui, l'instrument reste latent, sans objet, mais prêt à servir de nouveau, si le besoin s'en faisait sentir. Ce que l'on appelle un équipement « fossile ». La boussole naturelle n'est pas un attribut réservé aux seuls êtres humains. D'autres mammifères, des oiseaux, des poissons et même des insectes, en sont également dotés.

Je crois assez vraisemblable que les facultés de télépathie représentent également un équipement qui fut autrefois commun à tous les hommes. Cela, en un temps où il n'existait aucun autre mode de communication à distance. Chez des peuples d'Australie centrale, la relation télépathique est encore actuellement le seul procédé de télécommunication. Nous avons à peu près tous conservé un sens fossile de télépathie. C'est ce qui fait que parfois nous nous surprenons en train de penser à la chanson que fredonne notre voisin, ou que surgit une personne qui nous occupait l'esprit l'instant précédent.

Qu'il soit de nature cosmique, biologique, ou métaphysique, l'Extraordinaire est immense. Il se tapit dans l'infiniment exigu du noyau de la cellule vivante aussi bien qu'il rythme les débauches d'énergie des galaxies. Une toute petite partie de l'Extraordinaire est prise en compte, dès maintenant, par la recherche scientifique ; mais la majeure partie est encore vierge. C'est plus encore que l'écrasante tache blanche des atlas du siècle dernier, quand les calottes polaires et les principaux massifs montagneux restaient inviolés.

Je suis personnellement fasciné par les clins d'œil de cet Extraordinaire omniprésent. Fascination qui va très loin, puisque je la ressens comme la traduction en notre langage de l'Extraordinaire de Dieu. Il n'est pas plus difficile, ni plus hasardeux de saisir la réalité de Dieu, que de rencontrer des cerveaux humains accordés par l'unisson télépathique, ou des voyants qui perçoivent quelques traits du futur.

C'est d'ailleurs ce que pensent nombre de scientifiques : sept sur dix, paraît-il, en Occident. A ce propos, Sir Bernard Lowell, directeur du célèbre observatoire radioastronomique de Jodrell Bank, près de Manchester, acceptait récemment de confier les raisons qui le poussaient à croire en Dieu. Et le grand savant britannique rappelait ce que l'un de ses maîtres A. N. Whitehead, lui disait, en 1925, quant à l'avenir de notre civilisation. « Il n'est pas exagéré de dire que le futur de notre civilisation », expliquait Whitehead, « dépend de notre aptitude à équilibrer les forces de la science et notre foi religieuse. »

Je partage cette conviction. Il me semble évident que la science n'est nullement étrangère à cet effort global de tout être humain, en vue de répondre à la question fondamentale de savoir quelle est au juste la nature de nos liens avec l'univers connaissable. Peu m'importe en quels caractères s'écrira cette réponse, à quelle place même se situera cette réponse : au chapitre de la biologie, de la physique, de la chimie, ou de la métaphysique. Je n'ai naturellement pas l'outrecuidance d'imaginer que mon argumentation, à ce stade, cause déjà l'ébranlement des athées, ni même des agnostiques. Mon souci était plus humblement de m'expliquer, et de rendre public mon itinéraire. Oui, René Andrieu, ainsi que tu le faisais écrire dans *l'Humanité,* à propos des « méandres » de mon itinéraire.

Ce fut souvent un cheminement difficile, déconcertant. J'en suis d'autant plus heureux maintenant de souffler un peu. Et de savourer ce bonheur nouveau que je vis, de temps à autre. Bonheur physique, sous les voûtes d'une chapelle, ou en pleine nature, dans l'éclat de l'ample festival du vivant. Bonheur psychique des fraternités humaines, chaque jour vivifiées. Bonheur de l'âme enfin : une expression toute faite, mais irremplaçable, qui exprime simplement qu'on est en harmonie avec l'univers environnant. Je ne veux pas davantage insister sur ce bonheur-là, que je vis, à la recherche de Dieu.

Est-ce à dire que, désormais, les tourments du monde, les angoisses des pauvres, les cruautés des tortionnaires, les envies maladives des rapaces, les mensonges des démagogues : tout cela ne m'intéresse plus ? Aucunement !

Je ne suis pas neutre. Plus exactement, je ne suis plus neutre. Les choix que je dois effectuer, de temps à autre, ne découlent pas forcément de mon engagement religieux. Ma conception d'une société humaine, qui serait plus juste et plus heureuse que celle où nous vivons, est forcément empreinte des enseignements du Christ. Du moins, de ceux qui me plaisent et me bouleversent. Mais, cette conception se trouve également influencée par l'expérience que j'ai du communisme et des sociétés communistes.

Y aura-t-il, un jour, une conjonction des exigences chrétiennes, plus exactement des exigences dérivées de la loi de Moïse, et des revendications communistes ? Peut-être, mais ce ne sera jamais à parts égales. Nous allons voir cela un peu plus en détail.

CHAPITRE VI

Je puis enfin en parler...

Un bel après-midi d'avril, dans la calme région du sud de l'Aisne, tout près de Château-Thierry. Le printemps s'est délicatement installé, parmi les ondulations des grasses prairies du Tardenois, et du vignoble qui s'étale sur les pentes de la vallée de la Marne. Une petite route bordée de hautes haies et d'arbres touffus conduit au prieuré, où je suis invité à dîner, ce soir-là, par une communauté de prêtres et de frères missionnaires des campagnes.

Jadis, ce prieuré dut avoir fière allure, avec son ample façade et ses fenêtres Renaissance. Mais il souffre aujourd'hui d'un manque d'entretien. Ses occupants sont pauvres ; ils travaillent comme ouvriers, dans les fermes alentour, et dans quelques petites usines de la vallée de la Marne. En fin de semaine, chacun donne un coup de main à la communauté, pour couper les foins, cueillir les légumes du jardin, ou pour relever un mur fatigué.

C'est le père Alain qui m'a invité à passer cette soirée au prieuré. Lui aussi appartient à une communauté religieuse : la Mission de France. Fils de médecin militaire, le père Alain Sergeant est ouvrier agricole : tractoriste. Les trois prêtres de Fère-en-Tardenois travaillent, durant la semaine, et se partagent l'aspostolat religieux du canton. Avant même de connaître le père Alain, je savais que les prêtres de Fère avaient la réputation d'hommes de gauche, de syndicalistes. Ils étaient dans le camp des ouvriers agricoles, des petites gens. Ce qui ne facilite pas les relations avec les riches.

Je n'ai donc pas été étonné de constater que le père Alain marquait ses distances, avec moi, lors de notre première rencontre, à propos du baptême de Christophe, mon fils. Il se tenait encore sur ses gardes, plus tard, quand il s'agit de baptiser ma fille Aurélie. Sans doute me considérait-il comme le Parisien privilégié qui vient passer la majeure partie de la semaine, dans sa propriété du petit village de Villers-Agron. Une paroisse dépendant de son ministère religieux.

Nous n'avions donc pas eu souvent l'occasion de nous évaluer mutuellement. Jusqu'au jour du baptême d'Aurélie, où nous pûmes enfin parler à cœur ouvert. Ce fut un commun coup de foudre. Tout nous rapprochait.

J'avais d'abord milité, croyais-je, au service des pauvres, avant de me préoccuper de Dieu ; et lui s'était initialement soucié de Dieu, avant de prendre en charge la défense des pauvres. Certes, le père Alain ne porte pas le capitalisme dans son cœur ; il n'est pas pour autant un enragé de la révolution, qui subordonnerait le bonheur de l'être humain aux seuls actes politiques.

Mes hôtes sont là, en vêtement de travail ; ils reviennent tout juste de leurs chantiers et de leurs ateliers. C'est l'un d'entre eux qui a préparé le repas : une omelette aux pommes de terre, de la viande, une salade et un morceau de camembert. Je suis enchanté. Un repas dont je me régale, dans une ambiance chaleureuse. Je prise tout particulièrement cette chaleur humaine, que je ressens intensément ce soir. Est-ce la conséquence de ma longue existence militante, mais j'ai du mal à concevoir que le bonheur d'un être puisse résulter seulement de l'amour qu'on lui témoigne, de la sincérité du cœur. En fait, je crois alors difficilement au bonheur, à la joie totale.

L'éducation communiste accorde la priorité à cette implacable mécanique des rapports sociaux, qui oblige à raisonner de tout en termes de « classes ». L'individu est d'abord un élément social : l'élément d'une classe sociale. Il est un bourgeois, un prolétaire, un exploiteur capitaliste. C'est simple, sommaire. Et faux. On est sympathique ou antipathique, intéressant ou méprisable, d'emblée. En raison même de la classe sociale à laquelle on est censé appartenir.

Le bonheur communiste n'est donc jamais intrinsèque ; il ne saurait résulter que du bonheur de sa propre classe sociale, et par conséquent de la victoire politique de cette classe éminemment privilégiée, sur les autres classes antagonistes, vouées à l'asservissement. C'est là un bonheur défini de manière mathématique, sommaire, et effroyable.

En ce moment même, parmi les hommes du prieuré, je baigne authentiquement dans un climat de fraternité. La bonté éclate dans les regards, et surtout dans le regard d'Alain Sergeant, que je découvre réellement.

Un jour, ces hommes ont tout quitté. Pour se donner à leur apostolat. Ils mènent une existence matérielle pénible : celle des pauvres, des ouvriers. Sans aucune exception. On ne leur concède aucun cadeau. Peu importe qu'ils soient prêtres ou religieux. Ils ont choisi la condition d'ouvriers : soit. Il est donc bien naturel qu'ils partagent intégralement les espoirs et les combats de leur camp. Dans ce camp, la présence communiste pèse lourd. Les communistes excellent à négocier pied à pied la défense des revendications quotidiennes des ouvriers. S'ils ne sont pas les seuls à agir, ils occupent néanmoins la majeure partie du terrain d'action revendicative. Et cela finit forcément par influencer les chrétiens qui entendent témoigner au cœur du monde des travailleurs manuels.

Tout à l'heure, je vais leur parler de ma vie de militant communiste, de mes séjours en Russie, de mon départ du parti communiste, de ma recherche de Dieu. Mais, pour le moment, je veux encore profiter intensément du ravissement que me procure cette soirée d'amitié.

Changement de décor : nous voici dans une salle de conférences. C'est l'ancien salon du manoir, avec ses peintures tarabiscotées, et les vestiges de son éclat d'autrefois. Les questions sont précises, et tournent autour de l'idée qui finit par devenir obsédante : y a-t-il une quelconque possibilité d'harmonisation de notre action chrétienne avec celle des communistes ?

Une question colossale, car elle concerne l'avenir de notre civilisation pour bien des années. Peut-être même tout un siècle. Pour le moment, je suis sûr qu'il n'existe pas la moindre chance d'harmonisation entre le matérialisme qui ramène l'homme à la dimension d'un produit biologique de qualité supérieure, mais périssable, et le christianisme qui considère la créature humaine comme enfant de Dieu, promise à la vie éternelle. Oui, l'après-la-mort est fondamental, pour moi. C'est alors, j'en suis sûr, que la créature humaine vivra vraiment.

Dans l'immédiat, dis-je à mes hôtes, je crois que le communisme est finalement la caricature de notre idée de l'homme et des rapports de l'homme avec Dieu. Le bonheur de notre esprit et de notre âme découle nécessairement de notre fidélité à la loi de Moïse. Un point c'est tout.

Pourtant, il y a cet énorme mouvement planétaire qui pousse des dizaines de millions de nos frères à espérer en la rédemption communiste de l'homme. Et cela, nous ne pouvons pas l'ignorer.

J'ai bien perçu cette même obsession, au cours de multiples conférences devant de jeunes auditeurs qui n'ont pas, comme nous, leurs aînés, l'amertume des antagonismes implacables d'hier. Si les partis communistes, en tant que tels, ne séduisent pas vraiment les jeunes, l'espérance qu'ils expriment avec tant d'insistance est, en revanche, des plus fascinantes. D'où le succès des promesses socialistes, que l'on assimile au marxisme.

Peu à peu, je me suis habitué à la distinction nette entre les deux « royaumes » : celui de Dieu, et celui des hommes. Très souvent, il arrive que défendre le royaume de Dieu implique par là même de défendre les hommes. Jésus Christ n'a pas cessé de nous en donner l'exemple. Et c'est bien ce que découvrent, à leur tour, ces prêtres et religieux qui se sont faits eux aussi ouvriers et prolétaires.

Nous avons parlé, discuté, pendant plus de deux heures et demie. Et le père Alain a conclu. Une conclusion simple, en moins d'une minute. Il a soudain entonné un chant, tout de gaieté. Les autres ont repris aussitôt. J'écoutais, je regardais. Quel instant merveilleux ! Je me sentais transporté de joie et d'affection.

Ce fut ensuite la nuit de la remise en question de toute mon attitude sociale. De mon attitude politique, devrais-je dire. Plus exactement, ce fut le début d'une très longue réflexion qui n'est pas encore terminée. Se terminera-t-elle d'ailleurs, un jour ? Au stade présent, je suis convaincu que le bonheur de l'Homme-créature de Dieu n'est pas seulement l'affaire personnelle de chacun de nous, mais également l'affaire de notre communauté humaine. De toute notre communauté, sans aucune exclusive. Certes, ce n'est pas une nouveauté : le Christ l'a dit, voilà deux millénaires. D'accord, mais je l'ignorais. Je viens de le réinventer.

Et cela me cause un très grand plaisir, car je me réconcilie avec mon passé, du temps où j'étais un combattant de la justice sociale, un défenseur systématique de la liberté. Ce ne fut donc pas tout à fait du temps perdu.

La recherche de la vérité nous propose deux sortes différentes de cheminement : celle de la logique raisonnable et froide par nature, et celle de l'émotion sentimentale. C'est ce qui fait que l'on apparaisse alternativement dur ou mièvre, quand on se laisse empoigner par cette recherche.

Je ne crois pas que l'on accède à la perception de Dieu, par le seul cheminement de la logique. L'autre cheminement : celui de l'émotion, du cœur, a de ces éclats qui laissent pantois. J'ai connu ce genre de stupéfaction, en Mauritanie.

Je revenais de l'oasis de Chinguetti, avec une équipe de la radio mauritanienne. Nous y avions passé quelques jours, parmi les habitants. Je m'étais lié d'amitié avec Dahoud, le responsable de l'équipe de Radio-Mauritanie. Un homme de bon sens, aux allures aristocratiques des seigneurs du désert. Notre véhicule roulait face au soleil couchant, à travers le désert. Des hommes également revêtus du boubou bleu d'azur des Mauritaniens s'étaient arrêtés, sur la droite de la piste. Dahoud stoppa le véhicule, et les Mauritaniens rejoignirent leurs compatriotes. C'était l'heure de la prière.

Alors, alignés sur une seule rangée, face à l'est, ces hommes se mirent à prier. Avec un ensemble bouleversant, ils s'inclinaient, se prosternaient, s'agenouillaient. En arrière d'eux, je participais à leurs oraisons. Avec mes mots : les mots de nos prières chrétiennes. Je me sentais uni à leur ferveur. Nous honorions ensemble Dieu. Voilà ce qu'est la spécificité humaine : s'élever vers Dieu. Se sentir une créature, et non un accident biologique.

Je devais voir, sous la fenêtre de mon hôtel, à Nouakchott, un homme déjà âgé qui priait, dans la rue. Lui aussi se tenait dans cette attitude hiératique qui m'avait tant impressionné, auparavant, dans le désert, entre Atar et Chinguetti. Un peuple si proche de son Dieu, si proche de Dieu, porte en lui le signe même du bonheur. Je l'avais d'ailleurs distingué ce signe, à Chinguetti, qui est l'une des sept villes saintes de l'Islam.

Nous cheminions péniblement, le long des rues étroites de la ville, sous un ciel surchauffé, quand au carrefour, près de la mosquée, nous nous trouvâmes nez à nez avec le vieil iman, homme chargé de l'éducation religieuse des jeunes. Je n'oublierai jamais ce visage heureux : les yeux bleus, la barbe grise, le sourire, la sérénité de cet être. L'iman me conduisit dans la vieille pièce aux murs de terre cuite, où sont conservés des livres manuscrits qui datent de la conquête des soldats du Prophète : au moins treize siècles. Cette mosquée, cette ville, ces rues : rien n'a changé depuis que les pèlerins-soldats de l'Islam arrivèrent là, après la traversée de deux ou trois mille kilomètres de sables sahariens. Rien n'a changé, pas même cet homme sans âge. Tous les imans de la mosquée de Chinguetti durent ressembler à ce vieillard aux étranges yeux bleus, depuis qu'en ces lieux, les têtes des hommes s'inclinent en direction de l'Est. Voilà, n'est-ce pas, des signes, des gestes-prières qui ne trompent pas, quant à leur nature religieuse ? Lorsque l'on a eu la joie d'en être le témoin, on n'en finit pas de garder en soi la saveur de cette félicité.

Quelques mois plus tard, j'ai pu rendre à Dahoud une partie de cette joie qu'il m'avait offerte, à Chinguetti. C'était en Champagne, où je le reçus, chez moi. Il vécut là une de ces soirées toutes de douceur, que l'été seul nous dispense. Dahoud regardait intensément les terres si riches de la vallée de la Marne. Et ce fut l'éblouissement de la cathédrale de Reims. Tout à coup, l'ancien « colonisé » réalise qu'il foule les pierres, sur lesquelles ont marché tant et tant de Français de toutes conditions, y compris ceux des cortèges royaux qui assistaient, ici, au sacre de nos rois.

Au moment où nous déambulons, le long des bas-côtés de la cathédrale, on célèbre l'office. Dahoud regarde la foule de fidèles fervents. Sans doute ressent-il, à son tour, ce que j'éprouvais naguère près de la piste d'Atar, quand je vivais la grandeur intense de notre commune prière crépusculaire. Par-delà les différences de nos cultures et de nos Histoires respectives, nous nous sentons profondément frères et créatures de Dieu. Je suis certain que, dans le cadre si particulier de son pays de désert, Dahoud n'oubliera pas cet instant d'intense communion.

En suis-je au moment, où fructifient déjà mes longs efforts, à la recherche de Dieu et où arrivent les joies que l'on n'attendait guère ? Il semble que cela soit en réalité. Tout d'abord, ces joies, je les ressens intensément ; elles m'intéressent et me réconfortent. Naguère, j'aurais considéré ce besoin de joies affectives et irréelles, comme de la miévrerie. C'est ainsi d'ailleurs que les prisent les athées. Comment imaginer qu'un être humain perçoive vraiment une présence invisible, et que son cœur savoure tant d'allégresse, alors que ses sens habituels ne décèlent rien ? Rien : au sens objectif du mot, car les yeux ne voient rien, les oreilles n'entendent rien. Alors est-ce un cinéma intérieur, quelque chose comme une hallucination ? J'ai évidemment envisagé cette hypothèse.

On a tellement besoin de croire, et d'aimer un absolu, que l'esprit peut très bien construire de toutes pièces une image, un ectoplasme. J'ai donc guetté attentivement la mise en place de tout mon être, au moment de la prière, du recueillement. J'ai épié les phantasmes qui pouvaient surgir. Oui, j'ai surpris çà et là des élans romanesques, des satisfactions pas toujours désintéressées. Bref, dans mes contacts avec Dieu, il y a encore bien des attitudes spécifiquement puériles et intéressées. Mais le gros de mes joies est d'une autre sorte, d'une autre qualité. C'est cela qui est la prodigieuse nouveauté.

Par exemple : entrer dans une église m'est une joie intense. Quelque église que ce soit. Naturellement, j'ai mes églises préférées, où j'irais plus volontiers, si j'en avais les moyens matériels, au moment où j'ai envie de me retirer pendant quelques instants. Chacune de ces églises a son trait spécifique qui me séduit. L'église de la Trinité, à Paris, me plaît parce que j'y ai vécu la communion solennelle de ma fille Catherine. J'aime Notre-Dame-de-Lorette, où j'assiste souvent à une petite messe du dimanche. La plupart du temps, cette messe est dite par un prêtre noir. Les grandes églises m'impressionnent : Reims, Chartres, Vézelay, Notre-Dame-de-l'Epine. Mais je leur préfère les toutes petites églises, telles que celles de Villers-Agron, de Charroux, de Saint-Eugène, non loin de Condé-en-Brie. Il me semble que chaque église a son propre parfum, son silence particulier. De ce fait, nos entretiens avec Dieu y prennent un ton spécifique. Si j'avais une demande instante à présenter à Dieu, une de ces requêtes qui décident de la vie ou de la mort de quelqu'un, je le ferais dans l'immensité sombre de la Trinité. Mais j'irais dans la minuscule église de Saint-Eugène, s'il me fallait de toute urgence converser avec Dieu, afin, par exemple, de faire ma « toilette » spirituelle.

Pour entrer dans cette merveilleuse petite église de Saint-Eugène, on doit aller prendre la clé chez des voisins. Les murs clairs, les vitraux rutilants, la senteur d'éternité : tout incite à la détente, aux propos amicaux, et sans importance excessive. Je suis convaincu que l'on n'approche pas Dieu avec ces mines compassées, et ces attitudes super-humiliées, que l'on nous recommandait jadis. L'église de

Charroux est trop associée à mon enfance, pour que je sois en mesure de la voir dans sa réalité ; j'ai peur de m'y retrouver tout gamin, et de céder ainsi plus à la sensiblerie qu'à une émotion d'homme.

Peut-être serais-je tenté de reprocher aux églises d'en rajouter, en matière de climat propice au recueillement ; je préfère sûrement prier et parler à Dieu en pleine nature. Cela semblera prétentieux, tant pis je le dis : lorsque je suis seul, avec ma jument, et que nous errons le long des bois, je ne résiste pas au besoin si agréable de prier, de me fondre dans le grandiose de la terre et du ciel, alors parfaitement harmonisés. Je me sens des élans incoercibles.

Est-ce cela que l'on appelle la piété ? Je n'en sais rien, et je confesse que je ne me soucie pas de découvrir un nom à cette sensation.

A ce point de mon évolution, j'attache beaucoup de prix à l'amitié, plus exactement à des amitiés. De mes amis des débuts de mon existence d'adulte, il m'en reste seulement deux : Henri Frénay qui est en quelque sorte mon aîné, auprès de qui je me réfère de temps à autre, lorsque je ne suis pas très sûr de mes décisions ; et Jean-Pierre Farkas que je considère comme mon frère benjamin. Avec Jean-Pierre, nous nous aimons, sans pourtant souffrir des longues séparations que nous impose notre vie professionnelle. Nous nous opposons souvent aussi, mais nos choix sont tellement semblables et synchronisés, dans presque tous les domaines, que notre langage se dispense aisément de phrases. Un regard, une intonation, un sourire ironique : et chacun sait ce que l'autre a en tête.

Je sais que Jean-Pierre réfléchit souvent à ses rapports avec Dieu. J'imagine qu'il passe par les tourments et doutes qui m'assaillirent naguère. Par excès de pudeur, peut-être, nous ne parlons pas de nos cheminements respectifs. Pourtant, de temps à autre, quelque souvenir de notre commune existence de militants communistes, de journalistes de *l'Humanité* surgit de nos entretiens, le soir à Levallois, chez Jean-Pierre, ou bien à Villers-Agron que les Farkas apprécient depuis de longues années.

Nous avons prié ensemble, lors du baptême d'Aurélie. Plus que le mouvement de ses lèvres, c'est son regard qui exprimait la prière de Jean-Pierre. Nous parlons peu de politique, non pas que nous soyons totalement en désaccord. Tout simplement, ce sujet ne nous intéresse plus guère.

Les anciens communistes sont affligés d'un certain traumatisme intellectuel et psychique ; ils ont plus que les autres peur de se tromper de nouveau, de se faire piéger par les mots. Ils sont presque toujours de grands blessés, des handicapés civiques.

Je suis, par exemple, volontiers totalitaire, en matière d'exercice du pouvoir politique. Un ami, commentateur politique réputé, s'en étonnait récemment. Comme s'il ignorait que les « staliniens » ne guérissent jamais vraiment de leur mal. Tel est mon cas, vingt ans après mon « opération chirurgicale ». Comme les véroles mal soignées, le stalinisme est sans doute une maladie que l'on traîne toute sa vie. Plus ou moins convenablement blanchie. Jean-Pierre Farkas s'est mieux que moi adapté aux réflexes démocratiques.

Nous aurions aimé, l'un et l'autre, conserver quelques amis de notre période communiste ; cela n'a pas été possible. René Andrieu fut mon ami, durant les années où nous militions ensemble, à la radio du parti puis à *l'Humanité.* Aujourd'hui, je sais que ce n'était qu'une amitié momentanée de soldats, de ces liens régimentaires qui ne résistent pas à la démobilisation de l'un ou de l'autre. Andrieu ressentira-t-il un jour que son charivari d'éditorialiste, de débatteur de télévision, cela fait finalement bien peu de poids, face à la valeur globale d'une destinée humaine ? Le petit gars de Beauregard, que fut Andrieu, dans sa jeunesse, voilà quarante ans, se souciera-t-il, ne serait-ce qu'une minute, de la signification de sa propre destinée ? Je le lui souhaite de tout cœur.

Etrange communauté d'hommes, que celle des partis communistes, où le tutoiement fraternel n'est en usage que le temps de l'accord combattant. A croire que les hommes communistes ne s'aiment pas assez, pour surmonter les différences de cadences de leurs marches respectives, dès l'instant où l'un d'entre eux réclame le droit de rompre les rangs, et de marcher de son propre pas. Selon son propre itinéraire. Je me rappelle les mots ignobles d'Etienne Fajon, avec lesquels il qualifia Paul Tillard, cet admirable militant de la clandestinité, qui revint des camps de déportation, le crâne à moitié dépourvu de sa calotte osseuse. Tout cela parce que Tillard avait autorisé *l'Express* à publier des bonnes pages de son dernier livre.

Pourtant Etienne Fajon est un bon vivant ; je crois même qu'il a du cœur. Mais, comme tous les dirigeants affublés de quelque pouvoir, dans le Parti, il s'est acharné à épaissir son cœur. Un vrai dirigeant communiste ne se laisse attendrir par rien, pas même par les liens de parenté. A plus forte raison, par l'amour. D'où ces drames insupportables que Charles Tillon et André Marty vécurent et racontèrent.

Voilà une différence fondamentale, avec l'éducation chrétienne de l'homme qui ne cesse de se vouloir aimant, charitable, et généreux. C'est que l'homme religieux a acquis la conviction que sa force est d'abord affaire d'amour.

J'ai appris cela d'hommes extraordinaires. Ces hommes qui ont patiemment répondu à mes questions de néophyte : Gilbert Cesbron et René Berthier. Gilbert Cesbron : j'avais entendu parler de lui, avant même de le rencontrer à Radio-Luxembourg. Par Jeannette Vermersch qui se moquait « des bonnes intentions » de son fameux livre *Chiens perdus sans collier*. L'homme me fut d'emblée sympathique. Avec son visage d'adolescent éternel, ses gestes malhabiles, son accent vendéen qui a résisté à plus d'un demi-siècle de vie parisienne.

Gilbert Cesbron s'est contenté de répondre à

mes questions, ne prenant jamais l'initiative de proposer un thème de conversation. Nous nous voyons chaque fois que j'en exprime le désir. C'est toujours pour un motif très important : un choix professionnel, une décision familiale. Si j'osais, je dirais que Gilbert est ma seconde conscience. Celle que j'interroge, quand ma première conscience manifeste un embarras à se déterminer.

René Berthier me rend des services d'un autre ordre. Je vois en lui un chargé de mission de Dieu, quelqu'un qui sait mieux que moi ce que l'on peut penser de ceci ou de cela, en rapport avec la parole de Dieu. C'est normal, puisque René Berthier est prêtre, un prêtre de grande envergure. Avec lui, on est toujours surpris de la facilité qu'il y a de se mouvoir dans l'intimité de Jésus. René Berthier est un passionné de Jésus. Un ami fervent et éclairé de Jésus Christ. Si je vous disais que c'est lui qui m'a présenté le vrai Jésus : homme jeune, moderne, rigoureux, parfois fantaisiste.

Le Jésus de mon catéchisme, de mes missels, m'ennuyait souvent ; je l'ai déjà dit. A quoi bon ce ton sentencieux, ces paradoxes qui me choquaient, cette manière de river le clou aux autres ? René Berthier a répondu à ces questions irritées. Il m'a montré Jésus : sa silhouette, son visage, son corps, son cadre de vie, sa mère, son père, ses copains, ses apôtres. Il m'a montré tous ces gens de chair, tout comme il les montre à des centaines de milliers de personnes, avec sa Bible en bandes dessinées.

Un travail gigantesque que cette véritable mission en Terre chrétienne, de René Berthier aujourd'hui. Le voilà ce fameux *aggiornamento* de l'Eglise : retrouver la vérité et la simplicité des jours du peuple juif, au temps même de Ponce-Pilate.

Me voilà donc sorti de cette longue période de tâtonnements, au cours de laquelle je me suis senti douloureusement faible, vulnérable, indécis. Aujourd'hui, je me représente correctement mes rapports avec Dieu. J'ai une idée assez précise de la signification de ma destinée. Je suis convaincu que la mort n'interrompt pas le cours de cette destinée. J'ai une notion claire du bien et du mal. Je reconnais la primauté de l'amour sur la force physique et l'asservissement.

J'ai choisi de prendre quelques responsabilités dans l'effort général des chrétiens, en vue d'aider mes contemporains à réfléchir à nos rapports humains avec Dieu.

Je pourrais donc croire que je suis enfin au bout de ma « nuit », et que je n'ai plus qu'à attendre quiétement le jour où s'achèvera mon bail de vie terrestre. Pas du tout, c'est justement le moment où surgissent les interrogations les plus pressantes, les doutes inconfortables. Non pas en ce qui concerne la réalité de Dieu. C'est à propos de mon rôle dans ce monde que je me mets, de nouveau, à m'agiter, à craindre de me tromper.

Il n'est évidemment pas possible que je vive égoïstement mon ravissement personnel, ma certitude individuelle. J'appartiens à un groupe professionnel, à une cellule familiale, à un ensemble social. Des connexions me rattachent inébranlablement à d'autres êtres humains. Que faire ?

Me réfugier au plus profond d'une église, m'enivrer de silence et d'émotions, m'abîmer dans la recherche éperdue du contact avec Dieu : certes je pourrais vouloir cette abstraction. Je l'ai déjà voulue et obtenue à plusieurs reprises, dans le passé. Cela m'était alors indispensable. Je ne me sentais pas en état de prendre quelque responsabilité que ce soit, dans ce que l'on appelle « le monde ».

Pourtant, je reprends du service. La rédaction de ce livre de confessions était déjà, en elle-même, une sorte d'engagement ; mais me voici prêt à aller plus loin encore, aujourd'hui. Un auditeur de la conférence que nous fîmes, au début de 1977, à Mulhouse, avec le père Verhoye, m'interroge : « En quel Dieu croyez-vous ? Celui de l'Ancien Testament, ou celui des Evangiles ? Il me semble que c'est bien le même Dieu. Il s'est adressé à nous de deux manières différentes, à des époques différentes de l'Histoire humaine. »

Le Dieu de l'Ancien Testament, c'est-à-dire celui que raconte la Bible, nous a parlé comme à des enfants. Parce que nous étions encore des enfants, tout imprégnés de merveilleux, de fantastique. Nous sortions à peine d'une longue enfance pleine de mythologie et de craintes de la nuit. Il nous aurait été franchement impossible de comprendre un dialogue où un chat se serait appelé un chat. Alors,

Dieu a pris des gants, pour atteindre le raisonnement, et surtout le cœur, des gens de ces époques lointaines. Il a voulu frapper les imaginations. D'où les roulements de tonnerre sur la montagne, les buissons ardents, les sonneries de trompettes dans le ciel : toutes mises en scène fantastiques, bien propres à frapper des âmes simples.

C'est ce qui arriva. Il n'existe aucun livre de nos jours qui mérite autant de lecteurs, dans le monde entier, que la Bible. Tout simplement, parce que la Bible parle aux hommes de la gigantesque geste des manifestations extraordinaires de Dieu, durant des millénaires et des millénaires. Parce que la Bible entretient les hommes de ce que fut réellement le prodigieux roman de l'enfantement de l'âme humaine. Parce que la Bible est restée un livre d'images pour enfants.

Le Dieu des Evangiles, comme dit mon corres-
interlocutrices. Il peut oser des raisonnements com-
pondant de Mulhouse, a des grandes personnes pour
plexes, et user du langage des paraboles. Jésus ne cesse de choisir ses mots et ses images, dans tout le bric-à-brac de la vie quotidienne : les ouvriers de la vigne, les sceptiques qui refusent de croire à l'ascension du Christ, l'enfant prodigue, le riche Zachée, chef des collecteurs d'impôts. Tous ceux-là, nous les connaissons ; ils sont de nos voisins et de nos amis, de notre temps même. Lorsque Jésus les regarde dans les yeux, et leur dit des mots affectueux ou des paroles de blâme, nous en prenons pour notre grade. C'est exactement comme si le

discours nous était destiné, à nous les hommes et les femmes de cette fin du XXe siècle.

Comment Dieu n'aurait-il pas le sens de l'opportunité, lui qui vit à la fois toutes les périodes, instantanément ? Voilà une singularité, à laquelle nous devrons nous habituer : la relativité du temps qui permet à Dieu de comprimer, le temps d'un regard, des milliards et des milliards d'années. Et de nous voir, de notre naissance à notre mort biologique.

Oui, il faut du temps, beaucoup de temps pour accepter l'idée de la simultanéité, de l'éternité, de l'ubiquité, de la création du monde. Mais ce n'est pas plus choquant pour l'esprit que l'idée d'un univers fini, à la lisière duquel il n'y aurait rien. Qu'est-ce que Rien ? Comment imaginer le néant ? Je mets quiconque au défi d'y réussir.

CHAPITRE VII

Quel autre homme ?

J'aime les héros, les modèles. C'est sans doute un goût qui me vient de l'enfance. J'ai toujours été tenté de jouer quelque rôle héroïque. Au parti communiste, je me suis trouvé à l'aise, dès le début, car c'est un milieu où se pratique avec une étonnante ferveur le culte du héros.

Je crois que le parti communiste a hérité cela des divers mouvements révolutionnaires, qui ne sauraient se passer d'épopées. Epopée de Bara, cet enfant de quatorze ans, tué en Vendée, en 1793, au côté de l'armée républicaine. Epopée de Baudin : médecin représentant du peuple à l'Assemblée de 1849, et qui se fit volontairement tuer sur les barricades, histoire de montrer « comment meurt un élu du peuple ».

Le militant communiste a besoin d'un modèle, sans doute, pour se dépayser du cadre restreint où il évolue. Le modèle aide à changer de peau, à se transporter sur d'autres terrains d'action. J'imagine que les religieux d'autrefois, qui restaient confinés dans leurs couvents ou leurs abbayes, attachaient beaucoup de prix à l'exotisme de la vie des saints, pour cette même raison.

Pendant des années, le modèle majeur du parti communiste français fut Maurice Thorez. On parlait comme Maurice ; on essayait de marcher à la manière de Maurice. Je constate que la mode communiste, maintenant, est de parler avec l'accent gouailleur de Georges Marchais. M. Fiterman y réussit à merveille. Fermons les yeux : impossible de distinguer le modèle de son imitateur. Même ton, même accent, mêmes mots, et même dialectique. Grâce à sa belle ténacité, Georges Marchais est devenu lui aussi un modèle majeur ; c'est son gigantesque progrès accompli au cours des deux dernières années. A mettre au crédit de la télévision. La plupart des interviewés du parti communiste veillent à ressembler le mieux possible à leur modèle. Pour le téléspectateur, il en résulte cette impression de monotonie qui s'attache aux déclarations communistes.

Il m'arrivait de « parler » les discours de Maurice Thorez, en particulier l'admirable préambule de son discours du congrès de Gennevilliers : « Le communisme est à l'ordre du jour. Tous les mensonges, toutes les calomnies ne font que le grandir. » Combien de fois ai-je entendu des candidats-députés du parti qui commençaient ainsi leurs propres adresses aux électeurs ?

Il y avait aussi le modèle Laurent Casanova : le plus talentueux orateur communiste des cinquante dernières années. J'aurais aimé posséder le verbe de Casanova. Il y avait du Bossuet et du Bourdaloue dans ce Corse suprêmement intelligent.

Enfin, nos modèles, dans le parti, étaient souvent soviétiques. La littérature soviétique n'avait-elle pas pour mission justement de préparer tous les communistes de la planète à devenir « des hommes véritables » à la soviétique ? Les romanciers russes avaient reçu de Gorki leur ordre de mission : la mission « d'ingénieurs des âmes ». Leurs livres, leurs films nous arrivaient donc particulièrement chargés de ce message « évangélique » qui devait nous aider à devenir nous aussi des « hommes véritables ». Ces fameux « hommes d'une étoffe à part », qu'évoquait Staline, aux obsèques de Lénine.

Le parti communiste attachait de l'importance à la diffusion des romans soviétiques, non seulement parce que cette vente était financièrement fructueuse, mais aussi parce que cette version russe de la « vie des saints » contribuait à élever le moral des camarades.

Un matin d'hiver, nous étions une vingtaine de journalistes communistes, réunis dans la salle de conférence de l'agence de presse du parti, rue du Quatre-Septembre. Le thème du cercle d'études, ce matin-là, était consacré au roman soviétique. Pierre Daix était le conférencier. Aragon avait pris l'initiative, tout à coup de glorifier la littérature soviétique. Toute la presse du parti avait donc obtempéré. Et aux avant-postes, se tenait l'hebdomadaire d'Aragon et de Daix : *Les Lettres françaises.*

En avant donc, pour la littérature soviétique. Aragon, toujours soucieux de se distinguer, parlait, lui, des « littératures soviétiques », et non de la littérature soviétique. Personne n'a jamais compris la raison de cette distinction.

Donc, nous avions subi un long cours de Daix, avec une multitude de références à Fadéïev, Polévoï, Ehrenbourg, une certaine Galina, Korneïtchouk, etc. D'une manière générale, dans tous les pays, hormis peut-être l'Angleterre de Graham Green, le roman faisait alors peine à voir. En France, les ex-grands du roman s'appuyaient déjà sur leurs cannes de retraités. François Mauriac faisait joujou avec son « Bloc-notes » hebdomadaire. Un bloc-notes qui trouvait difficilement son éditeur définitif. Malraux était entré en religion, dans ses musées imaginaires. Et Aragon continuait de provoquer, sautant allégrement des *Communistes* qui se voulaient la galerie des héros du communisme, à la *Semaine Sainte,* sorte de clins d'œil en série, que le vieux comédien adressait à des gamins dissipés. Ces gamins bâillaient à mourir dans les réunions enfumées du parti, où l'on n'osait plus parler franchement de l'actualité toute pleine des récits de la répression de Budapest, et des crimes « imputés » à Staline.

L'histoire de cet « homme véritable » de Boris Polévoï me plut. D'abord, elle était écrite par celui-là même qui l'avait vécue. Cruellement vécue. Une aventure de blessures terribles, de réhabilitation physique invraisemblable, toute frémissante d'action et de nobles sentiments. Lancé sur les traces d'un ennemi, l'aviateur Polévoï se fait sérieusement sonner. Il revient de justesse au sol. Les deux jambes broyées. On doit l'amputer de ses jambes. Une péripétie banale, autant qu'affreuse. Oui, mais l'homme n'a de cesse qu'il rapprenne à voler. Sans ses jambes, avec un palonnier spécial. Et il repart, de nouveau dans le ciel, sur son terrain de chasse. Il gagne encore des victoires spectaculaires. Ses moignons le font souffrir à crier tout haut, dans son cockpit. Mais il y a les vibrations vivantes de l'avion, la senteur de l'huile chaude, les traits de feu des balles traçantes. Il y a le splendide courage d'un homme ressuscité au combat.

J'aurais dû m'en tenir là. A ce chapitre qui finit bien. J'aurais eu de la vie aéronautique et littéraire de Boris Polevoï une image flatteuse et émouvante. Hélas ! Je suis trop curieux. A Moscou, j'ai voulu rencontrer le héros. Un être brisé, alcoolique, cloué définitivement au tapis. « L'Homme véritable » : Polévoï n'a pas résisté à la désespérance de la société soviétique. Pourtant, cet homme avait eu en tête le modèle obsédant de Tolstoï, avec un peu de la malice d'Ehrenbourg.

Quelques semaines après cette pénible rencontre, j'accompagnai un ami, écrivain lui aussi, à un débat qui se tenait à la Salle du Manège, non loin du Kremlin. Débat sur la société future des « chantiers du communisme » : une expression favorite de Khrouchtchev. A la tribune : des hommes jeunes, dynamiques. Ingénieurs, chercheurs, étudiants en électronique, ces garçons comptaient tout juste 25 ou 30 ans. Ils avaient invité parmi eux Ilya Ehrenbourg, le vieil écrivain au style nerveux et coloré. Ilya Ehrenbourg qui s'était frotté si longtemps à l'intelligentsia parisienne, et qui avait écrit un livre assez laid sur « la chute de Paris », en 1940.

Dans cette Salle du Manège, Ilya Ehrenbourg symbolisait le passé soviétique : les bandes de gosses dépenaillés du « Chemin de la vie » de 1925, les années terribles des purges de 1936, les héroïsmes fous de la guerre de 1941-1945, la prise de Berlin, le Mouvement de la Paix qui avait amené aux côtés des Russes tant de beau monde de l'Occident. Ehrenbourg était un drapeau. Pas seulement pour les Russes, mais également pour les communistes de l'Occident.

Et les jeunes de la tribune, ils étaient eux des « Constructeurs », des héros. Croirait-on que leurs modèles étaient déjà leurs homologues des universités américaines ? Un jour, j'avais demandé à de jeunes scientifiques de l'Arctique central : quel peuple préférez-vous ? Etonné, je les avais entendu me répondre : mais les Américains, évidemment. L'obsession des scientifiques et des techniciens russes était de travailler et de vivre « à l'américaine ».

Donc, ce soir-là, les jeunes technocrates russes conviaient les intellectuels moscovites à la première controverse entre « les deux cultures », ainsi que l'on disait alors : la culture humaniste ciselée au cours de vingt siècles, et la culture technicienne toute gonflée de ses cent années de jeunesse impétueuse.

J'étais venu à cette soirée, me sentant des atomes crochus avec les deux camps. Je ne méconnaissais pas le rôle de la culture littéraire, artistique et de la recherche philosophique dans le développement de l'esprit humain, depuis Athènes et Rome. Mais mon tempérament me portait à préférer la toute-puissance de la création scientifique. Je l'avoue : avant même que commence le match de la Salle du Manège, j'avais parié en faveur des jeunes supporters de la voie de l'avenir. De la *Poutiéchestviénié B Zavtra,* pour emprunter le titre du livre prospectif de mon ami d'alors : Vassili Zakhartchenko.

En fait, allaient se heurter les tenants de deux formes de civilisations, qui se croyaient antagonistes. D'un côté : les romantiques qui acceptaient parmi eux la « télégue », le chariot à bœufs, et qui ne se sentaient pas forcément malheureux de vivre au rythme infiniment lent des populations rurales. De l'autre côté : les conquérants du cosmos, de la vitesse, de l'ubiquité absolue, du cerveau artificiel, et même de la création renouvelée de la vie. Car ils allaient jusque-là, ces ambitieux : montrer à Dieu qu'il était possible aux hommes de chausser ses propres bottes, et de faire aussi bien que lui-même.

Une soirée de rêve ! Nous allions rêver en communion : nous, les milliers de passionnés réunis ce soir-là. Après quelques minutes de ferraillage, les jeunes fauves de la « percée cosmique » se font les dents : Vous les vieux (*Stareï Narod*), vous ne savez plus que radoter. Que nous apportent vos tableaux angéliques qui ne trouvent même pas un coin au musée de l'Ermitage, vos poèmes puérils, vos romans insignifiants ? Vous ne pouvez plus donner grand-chose à notre peuple. Et nous, voici que nous sommes en train de changer votre existence. Regardez ce que nous avons fait en quelques années seulement : la télévision, les ordinateurs, les avions à réaction, les fusées spatiales. Nous vous emmènerons dans un monde nouveau, où l'homme ne gagnera plus son pain à la sueur de son front. Déjà, nos femmes n'accouchent plus dans la douleur. S'il vous plaît, essayez seulement de nous suivre. Ne nous entravez pas, avec vos gémissements, vos manies, vos traditions.

Et je vis Ilya Ehrenbourg, plus voûté que jamais. Sa chevelure blanche en désordre. Il détendit son bras, et pointa son index, tourné de trois-quarts, vers cette tribune de garçons, semblant regarder plutôt celui que l'on avait présenté comme « l'un des ingénieurs des spoutniks ». « Laissez-moi vous dire quelque chose, jeunes gens », lança un Ehrenbourg des grands jours. « Que, dans vos capsules spatiales, le nickel et les lueurs clignotantes de vos étranges appareils ne soient pas les uniques éléments de votre décor. Dans votre cosmos, n'oubliez pas d'emporter, je vous le demande, une branche de lilas. Le lilas, pensez-y. C'est très important. »

Nous étions transportés d'enthousiasme. Le vieil écrivain, naguère encore bichonné par Staline, avait trouvé exactement les mots que nous aurions voulu dire.

Cette scène d'amples dimensions me rappelait bien des conversations de moindre relief, auxquelles j'avais pris part, durant mon séjour dans l'Arctique central, ou à la faveur de visites de laboratoires, notamment à Léningrad.

Ce sont là des souvenirs qui remontent à la surface, aujourd'hui, où il me faut évaluer l'homme que je suis devenu. Qui est-il au juste cet homme que j'ai une nouvelle fois repris en compte, à peu près totalement, voilà vingt ans ?

J'ai déjà dit que je suis assez fier d'avoir réussi dans ma profession, mais ma réussite est peu différente de celle d'autres anciens journalistes communistes. Il est douteux que le mérite en revienne exclusivement à nos qualités individuelles. Notre formation communiste y est certainement pour quelque chose. Elle a stimulé le sérieux de notre détermination, la persistance soutenue de nos efforts. Elle nous a incités à la recherche de la juste solution à telle ou telle de nos difficultés. La ténacité que nous apprit l'action militante favorise sûrement nos entreprises professionnelles. Quoi qu'il en soit, j'ai trouvé dans mon métier un moyen agréable de me défouler. S'amuser, tout en travaillant, c'est une bonne recette.

Il m'a fallu plusieurs années, avant de constater que je n'avais pas totalement perdu mon temps, dans le parti communiste. Paradoxalement, celui qui m'aida le mieux à reconnaître cette réalité fut André Viot, journaliste de grand talent qui, en 1948, fonda l'hebdomadaire syndical *Force ouvrière*. Nous étions en train de pêcher, en bateau, sur la Marne, quand notre conversation évoqua ce sujet. De longues années nous avaient séparés, lorsque nous décidâmes enfin de nous revoir. Chacun de nous avait envie de savoir ce que les années avaient apporté à l'autre. André Viot avait fait une belle carrière journalistique, puisqu'il dirigeait un quotidien des Ardennes.

Nous avions partagé le même bureau, à la Radiodiffusion française (la R.D.F.), aux moments dramatiques des tentatives insurrectionnelles de 1947-1948, que déclenchèrent des dirigeants aventuristes du parti communiste. Il arrivait donc que Viot fût là, quand nous tenions certains conciliabules entre militants du parti, ou même des réunions de notre cellule. Nous ne nous sommes évidemment jamais regardés en ennemis. Au contraire, l'estime pour notre honnêteté respective nous a conduits à des relations amicales, que le temps n'a pas corrodées.

Grâce à André Viot, je me suis mis à réfléchir à ce que je devais, en bien et en mal, à ma formation communiste, sur le plan de ma propre valeur humaine. Je viens de souligner l'apport positif de cette formation, du point de vue d'une certaine virilité de caractère. Mais, il y a également un apport négatif, une accentuation de défauts qui ont la vie dure. Tel est le cas de mon penchant pour l'autoritarisme, pour les jugements abrupts qui appellent des sanctions souvent disproportionnées avec les objets jugés. Plus pénible à supporter, est ce tic d'une fausse dureté, que tout communiste arbore. Une marque typiquement stalinienne : la dureté bolchevique, « qui fait gagner les batailles les plus pénibles ». C'est un mythe dangereux, car il handicape durablement celui qui en est victime.

J'éprouve aujourd'hui de la joie à me sentir à tout instant libre de concevoir mes propres jugements, sans dépendre d'aucune influence extérieure. Comme tout être humain, j'aspire pourtant à découvrir un modèle, un héros auquel j'aimerais me référer.

C'est en cherchant ce modèle que j'ai compris l'extrême importance des prophètes, ces sortes d'émissaires de Dieu, qui se bornent épisodiquement à traduire en clair aux hommes de leur temps les enseignements de Dieu. Né dans un milieu catholique, c'est tout naturellement que je me suis intéressé au modèle possible de Jésus Christ. J'ai parfois regretté de ne pas être né en pays musulman, car la foi musulmane me semblait alors plus fervente, mieux vécue par chaque fidèle, que la foi des chrétiens. Et puis, peu à peu, j'ai de nouveau fait la connaissance du Christ. Je sais bien que cette confidence n'a rien d'original, mais je considère que je ne devais pas forcément me trouver un jour parmi les fidèles du Christ. J'aurais pu me diriger vers une autre foi religieuse.

Pendant longtemps, le personnage de Jésus m'a gêné, ainsi que je l'ai déjà dit. Je lui reprochais son goût des phrases, parfois même de phrases sentencieuses, qui me semblaient dépourvues de bonté et de simplicité. Est-ce l'effet de mes conversations avec René Berthier, Alain Sergeant, le père Gabel, Gilbert Cesbron, toujours est-il que peu à peu le

Christ m'est devenu plus proche. Chaque semaine, j'attends la livraison de *La Vie* qui m'apporte un extrait des Evangiles. Il m'est ainsi facile de consacrer quelques minutes à réfléchir à cette séquence hebdomadaire de la vie du Christ et de ses disciples.

Je n'en suis pas à traiter le Christ en copain. Il me reste du temps de ma fréquentation du catéchisme une certaine retenue. Pourtant, je sais que je devrai un jour accepter totalement cette amitié dont j'ai besoin pour être plus heureux.

Franchement, j'ai un peu la crainte de m'emballer de nouveau, de me mobiliser pour quelque combat « total ». Evidemment, il y a toujours la possibilité de suivre le Christ de loin, d'adhérer théoriquement à ses conceptions de la morale, du devoir. Et de vivre sa vie à sa propre guise, sans encourir jamais le moindre risque de blâme, de la part du Christ. Mais, ce genre d'adhésion du bout des lèvres ne me plaît pas. Justement, cette semaine où j'écris le présent chapitre, Luc nous raconte ce que dit le Christ à ses disciples :

« Mais avant tout cela, on portera la main sur vous et on vous persécutera : on vous livrera aux synagogues, on vous jettera en prison, on vous fera comparaître devant les rois et les gouverneurs, à cause de mon Nom... Vous serez détestés de tous à cause de mon Nom. Mais pas un cheveu de votre tête ne sera perdu. C'est par votre persévérance que vous obtiendrez la vie. »

Quel texte ! Le plus fort, c'est que la Bible et

les Evangiles deviennent irrésistibles, pour qui arrive un jour à les lire, en se détachant du climat suranné des rabâchages d'un catéchisme appris par cœur. Je comprends enfin pourquoi je n'ai pu garder la foi religieuse de mon enfance : je n'ai pas cru à l'enseignement du catéchisme de mon vieux curé qui était pourtant un saint homme. Comment s'attacher à des mots que nous ne comprenions pas ? Comment aimer des histoires que l'on doit apprendre au mot à mot, puis les réciter sans se tromper d'une syllabe ? Il y a peu d'allégresse véritable dans l'Histoire sainte et les Evangiles, pour un enfant de sept à dix ans. C'est bien plus tard que le cerveau humain effectue le tri, et tire bénéfice de cette fantastique confidence de Dieu. On en est alors tout retourné.

Je reprends donc l'extrait de l'Evangile de Luc qui inspire nos pensées, au moment même où je rédige ces lignes. Qui, aujourd'hui, mérite l'adresse particulière du Christ ? Quels sont ceux, sur qui on portera la main ? Qui jettera-t-on en prison, à cause du nom de Jésus ? Très nettement, c'est la question qui me hante. Est-ce Georges Marchais ? Est-ce Edmond Maire ? Est-ce Graham Greene ? Est-ce Georges Hourdin ? Sont-ce les militants politiques qui se saignent aux quatre veines pour un monde de justice sociale ? Ou bien les penseurs faméliques qui fuient les richesses et les honneurs, afin de mieux réfléchir aux moyens sûrs de faire le bonheur des hommes de leur époque ? Ou bien les modestes inconnus de toutes les religions qui triment dur pour illuminer aussi peu que ce soit les cœurs désespérés ? Qui ? Quels amants de la vérité ? Quels croisés de l'amour humain ? Voilà ce que je cherche passionnément. Car j'irai rejoindre ces combattants. Leur combat est le seul qui vaille vraiment la peine d'un engagement total. Engagement de soi-même, et de tous ceux qui constituent notre famille. Notre tribu.

En fait, je me persuade peu à peu que Jésus n'entend nullement sélectionner qui que ce soit, parmi ceux qui lui offrent leur amitié. L'idée du bonheur humain de Jésus n'est pas exactement celle du militant politique ou syndicaliste qui nécessairement doit se battre et haïr d'autres hommes. Jésus ne privilégie pas plus le pauvre que le riche. Ce qui ne veut pas dire que le riche ait le droit de jouir égoïstement de sa richesse. Une richesse qui lui est prêtée très provisoirement, et qu'il convient de mettre à la disposition de tout le monde. J'aurai l'occasion de m'expliquer plus longuement sur cet aspect politico-syndical de ma conception religieuse. On n'a pas à solliciter les textes, ou les confidences : Jésus-Christ est clair, à ce propos.

Quelle différence de langage, avec celui des émissaires ou des interlocuteurs de Dieu, que rapporte la Bible. Dieu, à ce moment-là, parle « bébé » aux hommes. Il use de visions frappantes, de trucs impressionnants : voix qui retentissent au sein des nuages, buissons qui s'enflamment, cataclysmes destinés à fixer l'attention, parfois même à effrayer. Peu à peu, surgit l'image d'une force invincible qui ne craint pas éventuellement de châtier durement, ou bien au contraire de communiquer une puissance irrésistible.

Avec le Christ, le langage s'est durci. On parle d'homme à homme. Rien d'étonnant à cela, puisque les hommes de cette époque, entre eux, usent également d'un langage particulièrement « musclé ». Déjà, devises et mots d'ordre courent le long des rivages méditerranéens, prescrivant telle ou telle attitude civique ou militaire. Quatre siècles avant la naissance du Christ, déjà, le chef gaulois Brennus formule en deux mots seulement (*Væ Victis*), la terrible sentence du « Malheur aux vaincus » qui courra, toujours séduisante, tout au long de deux millénaires et demi de l'Histoire humaine.

Je suis devenu un fidèle du Christ, mais cela n'implique pas un choix intolérant, chauvin. Bien que n'ayant pas encore rejoint l'Eglise catholique, au moment du Concile de Vatican II, j'ai été heureux des manifestations œcuméniques de ce Concile, qui ont facilité les contacts fraternels avec les fidèles des religions juives et musulmanes. Je souhaite ardemment que se reconstitue la grande communauté des hommes qui accordent foi au décalogue de Moïse. Je me sens frustré de ne pouvoir me recueillir, quand l'occasion s'en présente, dans le silence d'une synagogue ou d'une mosquée. Il me semble que, face à notre Dieu commun, j'y serais aussi chez moi. Que les responsables des diverses confessions chrétiennes, israélites, et musulmanes y réfléchissent.

Loin de me replier sur les souvenirs et de vivre ainsi « en marche arrière », en solitaire, je suis au contraire à la recherche constante de nouveaux contacts. Je me sens bien au sein de mon « groupe ». Mon « groupe », c'est à la fois ma famille et mes amis. Notre civilisation en est au point où les profondes divergences entre générations obligent à agrandir considérablement notre cercle de relations affectives. D'où l'inclusion, dans mon propre groupe, d'hommes et de femmes qui ne sont pas des parents, mais que j'ai choisis comme relations extrêmement proches. Aussi proches que le seraient des frères et des sœurs. Comme ces amis éprouvent sensiblement les mêmes besoins affectifs que moi, et choisissent les mêmes solutions, nous formons en commun une tribu, au sens réel du mot.

Le Dr Paul Chauchard m'a d'ailleurs sérieusement influencé, car c'est lui qui, voilà une quinzaine d'années, m'a mis dans la tête cette idée de la tribu se substituant progressivement à l'entité exiguë et plus ou moins imposée, de la famille. Je vis moi-même la réalité de cette prévision de Paul Chauchard. Et je trouve qu'il est singulièrement réconfortant de s'incorporer à un groupe, dont chacun des membres se sent solidaire des autres. Certes, nous n'avons rien inventé. Il y a bien longtemps que les Africains ont remis à la tribu le soin de favoriser la défense et le bonheur de chaque individu.

Au-delà du groupe, je m'intéresse à des personnes qui m'inspirent. Pour des raisons diverses, mais qui toutes tiennent à la richesse culturelle de ces personnes, ainsi qu'à la générosité de leur cœur.

La culture est la signature spécifique de l'être humain ; elle ne résulte pas forcément d'un acquis livresque ou scolaire. Je connais des gens de culture qui se sont formés eux-mêmes. Par la réflexion, puis grâce à une pratique régulière de la méditation. Jadis, les populations rurales étaient riches d'êtres de culture : des êtres qui gardaient respectueusement en mémoire, les légendes, les contes populaires. De génération en génération, ces êtres de culture maintenaient ainsi le patrimoine spirituel d'une population. La culture, c'est finalement le goût du beau, le culte du sublime. Tout le contraire de ce qui est appris par cœur, mécaniquement, et ne laisse pas de trace dans l'âme.

Je recherche la compagnie des personnes qui savent tirer parti de l'instant qui passe, qui savourent chaque seconde de l'existence, et ne s'ennuient jamais. Avec de tels compagnons, il est agréable de laisser s'installer le silence. On n'a pas besoin de se parler : le regard suffit à exprimer la communication. Il faut évidemment du temps, pour arriver à une communion de cette qualité. Mais, un jour on est payé mille fois de sa longue patience.

Je n'aime pas beaucoup que l'on cherche, entre vrais amis, à se définir, à définir sa propre philosophie de la vie. Nos conversations sont plutôt des enchaînements de mots complémentaires, d'évocations ajoutées. Cela fait comme un monologue à deux voix, plutôt qu'un échange dialogué. C'est ce genre de confidences parlées que je prise tant avec

Gilbert Cesbron, Henri Frénay, Jean-Pierre Farkas. Parfois j'ai la chance d'arracher Jacques Imbert à ses tourments de directeur de journal. Alors, c'est la joie. Il est le seul ami, avec qui je puisse redevenir un gamin. C'est à qui de nous deux explosera le plus fort de fantaisie et de folie. Plus les années passent, et plus chère devient notre amitié. A tel point que nous envisageons de terminer notre existence en voisins très proches. Inattendu et réconfortant, ce sentiment de solidarité avec un compagnon des jeunes années, que l'on retrouve vingt ans après, et qui se révèle prêt pour vivre une très grande amitié.

Il m'arrive de penser, parfois, à mes voyages passés. Et de tenter d'en établir un bilan. J'ai pris du plaisir à voyager, à découvrir les nouveautés des paysages d'autres continents. Aujourd'hui, hormis l'Arctique, l'Ouest américain, et le Sahara, les autres contrées du globe que j'ai visitées me paraissent, avec le recul du temps, non seulement assez insignifiantes, mais décevantes. J'y ai vu les mêmes comportements humains qu'ici. J'ai cru y discerner les mêmes tourments et les mêmes illusions que les nôtres. Alors, pourquoi faire les frais de ces longs voyages, s'il s'agit finalement de ne rien apprendre d'autre que ce que m'aurait révélé ma propre rue Notre-Dame-de-Lorette, dans le 9e arrondissement de Paris ?

En revanche, sans sortir d'un cercle de mille kilomètres, autour de Paris, j'atteins aisément les quelques sites où je me sens réellement en harmonie avec la nature du lieu. Ce sont : le plateau du

Peyroux, à Charroux, le camp d'Attila près de Châlons-sur-Marne, les vestiges d'Alésia, non loin de Dijon, le champ de bataille de Valmy, la côte bretonne aux abords immédiats de Perros-Guirec et l'arrière-pays de Montpellier.

Là, je me sens bien, en accord avec les paysages, les senteurs, les inspirations. J'y reçois des brassées d'émotions et de joies. Ce sont mes hauts-lieux. Je suis devenu particulièrement sensible à ces liens invisibles qui nous enserrent soudain, et nous attachent à quelques sites d'élection où nous sommes comme vivifiés.

Ma philosophie s'est forcément modelée, en raison même de ma foi religieuse. C'est dire que la certitude de la survie m'a délivré des angoisses et révoltes que suscitait en moi l'idée du néant de la mort. Je suis serein. La richesse, me semble-t-il, est bien plus affaire d'affection et d'amour que d'or et d'argent. Si nous ne devions jamais espérer en la solidarité humaine, l'existence terrestre serait infernale. Oui, d'abord et avant tout, il y a l'amour.

Le sort de chaque être humain est essentiel ; et il est intimement accroché au sort de l'espèce. Teilhard de Chardin a correctement vu l'importance majeure de la filiation de la personne humaine de toutes les époques avec l'espèce humaine.

On a certainement trop insisté sur la notion du salut individuel, en passant sous silence l'ascension générale de l'espèce. Pourtant à maintes reprises, le Christ évoque la grandeur décisive de cette ascension. Comment admettre que, partageant avec l'espèce, tout notre patrimoine biologique, nous nous en séparions, dès l'instant où Dieu s'adresse à nous individuellement, à tel ou tel moment de notre existence de créature ?

Je suis fasciné par le destin des civilisations ; plus celles-ci sont prestigieuses, plus affligeantes est leur chute. Ont-elles du moins quelque chance de ressusciter un jour ? Exceptionnellement, la civilisation chinoise affirme que cette résurrection des civilisations jadis glorieuses n'est pas une absolue impossibilité. Mais c'est là, un phénomène très exceptionnel. Athènes n'a plus le courage aujourd'hui d'assurer les réparations indispensables de l'Acropole. A croire que les riches armateurs du Pirée aient définitivement rompu toute descendance avec les titans de la Grèce hellénique.

Engagée sur la voie du morcellement, notre civilisation ne peut, désormais, qu'accentuer sa dislocation, et préparer ainsi sa renaissance ultérieure, bénéficiant de nouvelles forces de santé.

Arrivé au faîte de son génie créateur, l'homme de notre époque excelle à concevoir toutes sortes d'assistances, aussi bien de ses forces physiques que de ses forces intellectuelles. Mais, en même temps, il cafouille de plus en plus gravement, pour ce qui est de son organisation sociale. J'ai le désir de participer activement à la commune recherche d'une solution ; il serait tout de même dommage qu'une génération aussi douée que l'est la nôtre se terminât en queue de poisson.

« Il n'y a plus qu'à prier », proclamait, voilà une

vingtaine d'années un livre allemand écrit sous l'emprise de la désespérance. Erreur : il y a à prier. Beaucoup prier, mais aussi se saisir des outils de construction. Nous ne tarderons pas à savoir si nous avons la force de nous lancer, une fois encore, dans l'édification d'un nouveau monde. Nous l'avons déjà osé, lorsque nous dressâmes vers le ciel les cathédrales du Moyen Age. Nous le fîmes une seconde fois au XIXe siècle, quand nous eûmes l'audace folle de tracer à travers la vieille Europe des milliers et des milliers de kilomètres de voies ferrées, et de faire naître de vastes parcs de machines.

Si nous voulons correctement apprécier notre situation individuelle dans ce maelström présent, il nous faut voir clairement l'arrière-plan de la scène. Nous y découvrirons les raisons de notre existence. C'est ce que j'ai appris, en recherchant le vrai.

CHAPITRE VIII

Et le Monde ?

Cinq heures du matin. La salle de rédaction est à peu près en ordre. Malgré les capotages anti-bruit, on entend la frappe des télex groupés dans un recoin. Les techniciens vérifient les circuits et les appareils de la salle technique, ce qui fait que de temps à autre, jaillit une bouffée de musique tonitruante.

Un jeune journaliste est à sa table de travail. Blond, le visage mince, habillé élégamment, il paraît un peu plus de 25 ans. Je le connais bien. Après d'assez bonnes études de lettres, il a voulu courir le monde : Etats-Unis, Canada, Allemagne de l'Ouest.

Il sera seul, à la salle de rédaction, jusqu'à 6 h 30 ; ce qui signifie qu'il est seul responsable des journaux de 5 h 30 , 6 heures, et 6 h 30. Une responsabilité considérable, car ces journaux sont entendus d'un nombreux public d'auditeurs, et ils contribuent à influencer l'opinion des multitudes, d'une manière quasi irréversible.

Les dépêches de la nuit sont là, en bandes non encore découpées, telles que la femme de ménage les a retirées du télex. Une lecture rapide, en remontant le temps, afin de savoir d'abord ce que sont les dernières nouvelles. Jean-Louis a l'habitude de lire vite ; il est rare que son œil laisse passer le gros coup : « le coup juteux », comme il dit. Ce matin-là, il y a un « coup juteux ». C'est un sale bonhomme qui a tué sa fillette, après l'avoir violée, un type qui avait déjà commis deux assassinats. Condamné à la prison, l'individu bénéficie du droit de sortie ; c'est au cours d'une de ces sorties, qu'il a tué sa propre enfant.

« Bien, je vais ouvrir le journal sur cette affaire. » Aucune hésitation : ce choix est conforme à ce qu'on a appris à Jean-Louis, dans ces étranges « écoles de journalisme » qui ont remplacé nos solides ateliers de formation qu'étaient les journaux de la grande époque. Le culte du fait divers : c'est cela l'article premier qui est enseigné aujourd'hui aux élèves-journalistes. Evidemment, plus ce fait divers est choc, c'est-à-dire choquant, scandaleux, plus il a de chances de frapper l'esprit de l'auditeur. Donc, Jean-Louis ne trébuche pas : en « une », ce sera le type des Bouches-du-Rhône assassin de sa fillette. Et en « deux » ? Tiens, une affaire d'overdose : un gars de Montélimar trouvé dans des toilettes, moribond. Il s'est piqué, archi-piqué. Troisième page du journal : oh ! une banale affaire de détournement d'avion. Et ainsi de suite... Ce n'est qu'en neuvième position que sera classée, en quinze secondes, la nouvelle d'une recherche sur la migraine.

Alors le rédacteur en chef proteste. « Notre journal de 6 h 30 était d'un noir... » C'est, pour lui, le défaut essentiel de ce journal. Noir, cela veut dire cafardeux, dépourvu de séduction. Qu'il se rassure, ce matin-là, tous les journaux radiophoniques étaient de cette même couleur noire, infiniment triste et désespérante.

A force de chercher le choc, le choquant, le journalisme moderne finit par ne plus voir que les poubelles et les égouts. La bonne action : le garçon honnête qui ramène le porte-monnaie au poste de police, le donneur de sang, le visiteur de prisons, le médecin qui se lève à n'importe quelle heure de la nuit : aucun intérêt. On connaît la blague : un chien mord un évêque, cela vaut une puce de trois lignes en bas de page. Mais l'évêque qui mord le chien : tout de suite trois colonnes à la une. Et l'évêque qui part en guerre contre le pape, ça c'est excellent. Que l'on suive heure par heure la progression de la rébellion ; celle-ci apporte tout ce que l'on peut souhaiter : le défi mitré, la prostration du pauvre pape, l'affrontement de deux clans d'une même communauté. Et le match est parti. Un point ici, deux points là. Vas-y, Lefebvre. Mais qu'attend donc le pape pour l'excommunier ?

La radio, la télévision, la presse écrite sont condamnées à labourer sans cesse ce même champ d'épandage. Le public aime ça, pensons-nous, nous journalistes. Erreur, il n'aimait pas cela, auparavant. Nous lui avons appris à goûter le faisandé. Et maintenant, c'est vrai, on en demande tous les jours. C'est la preuve que le Monde est mauvais ? Ma foi, je n'en suis pas tellement sûr ; je crois plutôt qu'il aime ses propres grimaces, telles qu'il les aperçoit dans nos miroirs déformants des « médias ».

Pourtant, je dois dire que ce Monde de 1978 ne me plaît pas ; il est presque le contraire de ce que j'apprécie. Il gaspille volontiers, et je suis économe. D'un naturel méticuleux, voire tatillon, je me sens mal à l'aise dans ce Monde facilement séduit par le goût du désordre. J'estime l'esprit de décision, et l'organisation, alors que ce Monde a horreur de la responsabilité. La force et la fermeté, que je tiens pour des vertus civiques estimables, sont sans emploi dans le Monde du laisser-aller.

Déjà coupé en deux d'une manière quasi constante, par les options politiques fondamentales : Droite-Gauche ici, travaillistes-conservateurs là, républicains-démocrates ailleurs, ce Monde prend plaisir à se morceler toujours davantage. Il se disloque avec volupté. C'est l'exemple même de l'intelligence qui se complaît à son autodestruction.

Monde de contradictions, Monde d'enfants gâtés et colériques : c'est bien un Monde de nouveaux riches. Pourquoi en est-il ainsi ? Sans doute est-ce à cause de la formidable explosion technique qui a précipité le rythme de la promotion sociale. Jadis, les filières de cette promotion était infiniment lentes. On partait du fonds commun de la paysannerie et l'on accédait, de génération en génération, aux stades successifs de l'artisanat, de l'armée de carrière, de la gendarmerie, du métier d'instituteur, des chemins de fer. Les enfants des enfants en arrivaient donc, de fil en aiguille, et de génération en génération, à des situations et titres culminants. Sans transition, sans préparation. On a enjambé d'un seul coup toutes les marches de l'escalier, se hissant d'un unique élan sur le podium. Ce qui fait une mentalité de nouveau riche. Tout, tout de suite, comme disaient les petits révolutionnaires de 1968.

Nouveaux riches, ces enseignants qui se gardent d'oublier leur grève traditionnelle de la rentrée scolaire d'automne. Nouveaux riches également ces pilotes de lignes qui ont l'impudeur de créer allégrement le chaos des aéroports, afin de protéger leurs salaires de trente mille francs par mois. Quiconque a vécu la désolation des familles bloquées dans le décor inhumain d'un aéroport engorgé, par la grève des pilotes, a ressenti la cruauté de cet acte de guerre sociale.

Toute grève d'un service public se saisit forcément d'un otage innocent. C'est la troisième personne, sans défense, que l'on appelle du nom affreux « d'usager ». Une société qui aurait vraiment le souci de son destin n'accepterait pas les mœurs de ces nouvelles races de seigneurs qui appuient leurs sommations d'un chantage à la prise d'otages.

On m'objecte que ce sont là des jugements « fachos », et que je suis un « tonton » qui ne comprend plus grand-chose à la nouvelle époque. Y aurait-il deux façons de concevoir ce qui est logique, et marqué du bon sens ? J'ai cru que le communisme favoriserait l'avènement d'une société logique, juste, et fraternelle. D'autres réclamaient pareille métamorphose au fascisme, ou bien à la démocratie libérale. Malheureusement, les réponses qui nous ont été données sont à peu près également décevantes. En dépit de la diversité de ses systèmes politiques, le Monde de la civilisation technicienne est unanimement logé à la même enseigne. Un Monde de dislocation, assailli par l'obsession du suicide.

Que faire, quelle attitude prendre ? Faut-il se soucier d'intervenir ? L'Ange Blanc se fait politicien, et appelle à la croisade. Il est battu d'avance. D'ailleurs, il ignore où ses bons gestes nous conduiront. Pourtant, nous observons qu'il y a beaucoup de sagesse autour de nous. On n'applaudit pas tant que cela aux incitations à la dislocation de nos vieilles nations, même quand ces incitations sont ponctuées d'explosions de pains de plastic. On résiste tant bien que mal à la dislocation des familles. Le drogué, le hippy, le punk, le marginal ne fascinent personne, en dehors d'un petit contingent de psychotiques. On regarde ces malheureux comme des imprudents, victimes d'accidents.

Attendre des jours meilleurs... Il n'est pas possible que des hommes qui se sont révélés naguère si intelligents coulent ainsi à pic. C'est ce que nous nous disons. Attendre quoi ? Entebbé ou Mogadiscio, sur une très grande échelle. C'est-à-dire, attendre que des gars musclés s'écrient tout à coup que l'on a assez amusé le tapis, et qu'il est désormais grand temps de casser des têtes. Une solution, certainement. Mais une solution provisoire, qui ne résoudra pas le problème de notre crise de santé mentale. Les purges à l'huile de ricin des fascistes italiens, tout comme les camps des chambres à gaz des nazis ou les bagnes de la Sibérie communiste, ne sont que des arguments politiques d'un moment. Arguments dérisoires, face au formidable mouvement de houle de l'espèce humaine.

A quoi correspond, au juste, ce goût de se faire mal ? A l'ivresse que procure la violence, à la toute-puissance résultant de la prise d'un avion dont on va faire son jouet, pendant des heures et des heures ? C'est la puissance de l'homme en guerre. Le droit éphémère de tuer et de détruire. Sous une forme ou sous une autre, la guerre ne cesse jamais de rôder autour de nous. Vraisemblablement, parce qu'elle est un élément essentiel de notre développement physiologique.

Mais, outre cette inclination naturelle de la violence, du conflit et de la guerre, notre Monde me semble frappé par quelque autre mal propre. Un mal qui provoque cette désespérance portant chacun à douter de tout. Déjà, voilà dix-sept siècles, semblable phénomène s'était produit. Saint Cyprien avait alors gémi, en des termes qui se retrouvent presque identiques sous la plume de nos moralistes d'aujourd'hui : « Le monde vieilli ne garde plus l'ancienne vigueur... l'hiver n'a plus assez de pluie pour nourrir les semences, ni l'été assez de soleil pour torréfier les moissons... les montagnes éventrées donnent moins de marbre, les mines épuisées moins d'argent et d'or... les champs manquent de cultivateurs, la mer de marins, les campements de soldats... il n'y a plus de justice dans les jugements, de compétence dans les métiers, de discipline dans les mœurs... l'épidémie décime le genre humain... le jour du Jugement approche. »

Une liste de malheurs dressée vers 250, par Saint Cyprien ! On s'attend alors aux apocalypses du « fatal sixième millénaire depuis la Création ». C'est le moment de la colère de Dieu, du *Dies irae*. De nouveau, une peur de même nature se manifestera au XVIIIe siècle. La voici, une fois encore, avec ses phantasmes nés sous le signe d'Hiroshima. A chaque fois, les grandes peurs du IIIe siècle et du XVIIIe siècle ont débouché sur une nouvelle société. Le IIIe siècle annonçait le renouveau du bas Moyen Age, avec la déposition du dernier empereur de Rome en Occident, en 476. Et le XVIIIe siècle introduisait le désir de la société démocratique, le mythe de la liberté, de l'égalité, et de la fraternité.

Sommes-nous livrés, une fois encore, à l'une de ces gigantesques échéances historiques, auxquelles seul le hasard, c'est-à-dire Dieu, donne la réponse qui convient ? Ma foi, je le crois.

Le procès fait à notre civilisation est total ; il concerne tout à la fois la suprématie des techniques, l'unité des vieilles nations, les sciences fondamentales, la médecine, la liaison du monde scientifico-technique et les populations. De plus, la recherche scientifique, qui a nourri la création technique des cent cinquante dernières années, est désormais exsangue et désorientée. On n'a plus pour elle la considération que méritèrent les Darwin, les Newton, les

Lavoisier, les Franklin et les Pasteur. C'est dans l'indifférence que l'on expédie maintenant les prix Nobel.

Le trouble : voilà ce qui saisit aujourd'hui des multitudes de braves gens, aussi bien que des scientifiques de plus en plus nombreux. A ces multitudes d'usagers de l'électricité, que nous constituons les uns et les autres, il est facile de faire peur, en racontant que les centrales nucléaires les feront mourir à petit feu, dans le meilleur des cas, et qu'elles exploseront si la guigne s'en mêle. On en est au point où, dans un ou deux ans, toute nouvelle centrale nucléaire exigera sûrement une protection militaire et policière, analogue à celle qui convient en état de guerre. Pourquoi une telle docilité dans la peur ? Parce que l'on s'est trompé, quant à l'accueil des populations, sur lesquelles la civilisation scientifico-technique a fait pleuvoir dru ses chefs-d'œuvre des années 50 et 60. Bombes et super-bombes, cerveaux électroniques, radars, pénicilline et autres antibiotiques, voyages sur la Lune : c'était trop à la fois.

L'indigestion a fini par devenir traumatisante : Nous en sommes au traumatisme violent, qui ne cesse de nous accabler de séquelles. Dans ces conditions, la peur devient d'autant plus tenace qu'elle se repaît de confusions.

Mais, le plus extraordinaire, c'est que les scientifiques n'échappent pas à cette angoisse métaphysique. De leurs rangs s'élèvent désormais des interrogations, des contestations même. Au moment où se déclenchaient en cascade les attentats contre les locaux et installations d'Electricité de France, organisme public chargé d'approvisionner en courant électrique les Français, une conférence scientifique se tenait à Paris, pour appeler à la naissance d'une « nouvelle physique ». Pourquoi casser ainsi les potiches ? Parce que la physique, comme la chimie, les mathématiques, ou la biologie, tels que les manuels universitaires les ont figées depuis vingt ans, ne peuvent plus prospérer dans cet état de langueur. On a pu jeter un regard au sein de l'atome, soit ; mais il faut maintenant aller encore plus profond. Se saisir d'une particule à la fois, la casser, suivre ses métamorphoses, comme s'il s'agissait d'un ver que l'on coupe en menus morceaux.

Au-delà de ces explorations déjà accomplies, on aperçoit une foule de mystères. Et déjà certains de ces mystères ne coïncident plus avec ce que l'on nous a appris. Par exemple, l'univers, c'est-à-dire les étoiles, notre système solaire, nous-mêmes, semble taillé dans un commun tissu. Cet univers apparaît donc simple, alors que la physique et la chimie nous en décrivent une pseudo-complexité. La copie est mauvaise ; il faut retourner au tableau, et recommencer toutes les opérations. C'est ce que décident des scientifiques aussi courageux que talentueux, tels que Costa de Beauregard et Jean-Pierre Vigier.

Même révision déchirante, pour la médecine qui a sans doute commis l'erreur de fonder des espoirs excessifs sur les antibiotiques, et de privilégier la conception allopathique de ses soins. Le modernisme médical a été d'un orgueil tellement démesuré que la sagesse populaire en a vite discerné les outrances. D'où ce retour aux vieilles méthodes de la médecine traditionnelle, à l'assistance des guérisseurs, et au renouveau de la médecine homéopathique. Rappelez-vous le 3 décembre 1967 : on annonce au Cap qu'un chirurgien du nom de Christian Barnard vient de greffer un cœur, dans la poitrine d'un homme étreint par la maladie coronarienne. La greffe réussit. L'homme renaît. Il parle, il plaisante même. C'est le délire. Aux Etats-Unis, Adrian Kantrowicz s'arme d'audace et tente la seconde greffe du cœur. Même scénario : succès chirurgical, puis rapidement l'homme meurt. Et l'année suivante, en 1968, dans le monde entier, on va transplanter 101 cœurs.

Au total, 101 personnes recevront, des mains d'un chirurgien, le cœur d'un autre être humain. Sur ces 101 personnes, une seule est aujourd'hui survivante : Emmanuel Vitria. Alors, la joie est tombée. On sait maintenant que la chirurgie de transplantation se heurte, elle aussi, à des limitations sévères. On lui préfère désormais la chirurgie de réparation, au coup par coup. Ici, on remplace une section d'artère coronaire ; là on change une valvule. Un cœur bafouille-t-il ? On lui donne un métronome qui battra la mesure : le stimulateur cardiaque. Tout se passe comme s'il y avait soudain un rappel à l'ordre, un retour en marche arrière, vers le bon sens et la modération.

Une enquête récente sur l'accueil du public aux explications des vulgarisateurs scientifiques révèle que c'est la médecine qui, de loin, intéresse le grand public. C'est, évidemment, la seule science qui se veut rassurante, maternelle.

Au cœur de ce monde scientifico-technique, je me sens personnellement fasciné par ces audaces, autant que par ses échecs retentissants. Je ne doute pas que les hommes garderont le goût de la recherche, de l'innovation, et de la création technique. Hormis de petits groupes minoritaires, la quasi-totalité des populations ayant bénéficié des solutions des sociétés techniciennes entend bien conserver ce type de civilisation. Toutefois, psychiquement et socialement, des difficultés colossales d'adaptation obligeront à imaginer des schémas inédits d'organisation socio-culturelle.

Et c'est là, où la perplexité me prend à la gorge. Quel type de société ? Quelle organisation sociale ? Le communisme, sous n'importe laquelle de ses diverses formes, a échoué : en Union soviétique, aussi bien que dans les pays de « démocratie populaire ». Il a échoué, toujours pour les mêmes raisons, notamment à cause de l'erreur persistante portant à considérer que les faits économiques commandent impérativement l'évolution des sociétés, et les rapports entre individus. Malgré les démentis constants, depuis la Révolution russe de 1917, le communisme international ne se résout pas à admettre que l'individu soit finalement le fruit de son éducation, de l'expérience du jeune âge, bien plus que le produit du régime politique ambiant. Il y a aussi des voleurs, des criminels, des êtres totalement dépourvus de civisme, dans les pays communistes. Personne ne songerait à reprocher au système communiste de telles bavures ; mais force est de constater que les défauts, les tares, les faiblesses des sociétés humaines des pays capitalistes libéraux se retrouvent en quantité et qualités identiques dans les pays communistes.

L'échec communiste, c'est tout bonnement l'échec de tous les systèmes des sociétés industrialisées qui sont conçues sur le mode européen ou sur le mode américain. Ce qui aggrave l'échec communiste, c'est que le communisme exhibe doctement son insupportable prétention à l'infaillibilité. Sa science de l'Histoire, sa boussole qui guide inexorablement vers la juste solution : tout cela n'est ni plus ni moins que fanfaronnades politiciennes. Du même niveau que les promesses électorales de n'importe quel candidat de n'importe quel parti. En fait, l'échec communiste tient à deux constantes : l'inexistence de lois scientifiques réelles conditionnant le développement des sociétés humaines, et la bureaucratie obligatoirement de plus en plus lourde, qui découle du dogmatisme institutionnel.

De temps à autre, un chef communiste constate ces tares, et empoigne le gouvernail, à la manière des Césars de toutes les époques. Staline ne raisonne et n'agit pas autrement que Pierre-le-Grand. Khrouchtchev imite assez bien Doumergue ? Et Brejniev chausse les bottes d'un dirigeant pragmatique et intelligent, à la Roosevelt ou à la Laval.

Echec du fascisme, pour les raisons identiques à celles de l'échec stalinien ou hitlérien. Il n'y a pas de différences profondes entre l'autoritarisme d'un chef communiste et l'autoritarisme d'un chef qui se baptise « national et quelque chose ». Parfois le même homme réussit à jouer successivement les deux rôles, dans sa vie. Ce fut le cas de Mussolini socialiste, et de Doriot communiste. Ces deux hommes finirent leur existence, comme fascistes convaincus.

Alors, il y a le grand îlot de la société libérale. Là, croit-on, il n'y a pas échec grave. Malheureusement, les faits actuels expriment une désagrégation accélérée du système social, avec l'ensemble de ses composantes : la justice, l'enseignement, les appareils politiques et syndicaux, les médias, les administrations, la plupart des services publics. A tel point que la défaite prévisible à moyen terme obnubile à peu près tout le monde. Petit à petit, les nations glissent sous la tutelle inexorable de la classe politique, dont les connivences des groupes divers surmontent assez facilement les désaccords de tactique et de doctrine politiques. N'est-ce pas la télévision et la radio libérales qui ont fait le personnage de Georges Marchais, et surtout qui ont consolidé la position de Georges Marchais, au sein de son propre parti ? Les différences et les ostracismes politiques sont factices, sauf que les communistes au pouvoir sont exclusifs. Eux tout seuls. Des alliés ? Oui, bien sûr ; mais des alliés dociles et inconditionnels. C'est normal, puisqu'ils possèdent seuls la vérité, le plan de vol, le code des procédures, et l'aptitude au pilotage de l'appareil. Un commandant de bord, sur un avion de transport, ne raisonne pas autrement. Les communistes sont nos commandants de bord. Inutile donc de leur disputer la responsabilité, et par conséquent la direction du véhicule. C'est bien entendu, une fois pour toutes.

Compagnons de route, alliés au sein de l'union X ou Y : ces non-communistes ne sont pas, objectivement, des initiés du matérialisme scientifique. Ils doivent donc rester en arrière, loin du gouvernail. C'est logique.

Le libéralisme, on l'a répété maintes fois, croit en la vertu du pilotage à vue. Cela signifie, comme le disait si bien Guizot, que le libéralisme commande obligatoirement de laisser faire chacun, selon son désir. Et nous arrivons à un moment où, justement, il devient dangereux de laisser faire les terroristes, les saboteurs, les sceptiques, les suicidaires, les asociaux de toutes sortes qui combattent âprement les forces avancées de la société, et s'en prennent à ses bases énergétiques et militaires.

Face à ces échecs et défaillances, je me demande ce que je dois dire et faire. Où faudrait-il aller offrir mon modeste concours, afin d'aider si peu que ce soit à corriger telle ou telle petite bricole qui a été faussée ?

En fait, ne faisons pas l'âne pour avoir du son : une seule société reste digne de considération. C'est la société qui garantit la liberté individuelle, y compris contre les fureurs des excités. C'est la société où quiconque a des chances de se faire entendre, même s'il doit crier parfois très fort. C'est la société qui se préoccupe assez heureusement de notre avenir, et qui laisse fonctionner les mécanismes d'intéressement au travail, à l'effort, à la compétition. Oui, évidemment, cette société, l'Europe occidentale et l'Amérique du Nord ont la chance de la posséder. Mais elle a ses défauts, et tout d'abord celui de ne pas distinguer entre la liberté de l'honnête homme et la liberté du voyou. Voilà donc une société qui nécessite le contrôle permanent d'un père ferme et juste. Notre ennui vient de ce que nous découvrons rarement le père idéal, celui qui est aimé unanimement par tous ses enfants. Il faut déplorer que nos vieilles sociétés héritent des rancœurs ancestrales, et que cela fait un contentieux sans cesse grossi de préventions et de récriminations. A ce jeu, toutes les vieilles nations sont coupées en deux par une ligne de démarcation idéologique, hélas ! indélébile.

Je me mobilise donc, au moment de tel ou tel combat politique qui en vaille la peine, autrement dit, du combat qui me semble préserver les règles démocratiques de notre existence sociale. Faute de mieux, je me résous à soutenir épisodiquement la démocratie libérale. Sans nourrir toutefois de grandes illusions, quant à ses capacités d'organisation sociale.

Dans la relative atonie politique de notre société, deux probabilités me tourmentent : d'une part la perte de la notion éminemment civique de responsabilité, d'autre part le risque d'une guerre de grandes dimensions. La perte de la notion de responsabilité conduit fatalement à la déliquescence de la hiérarchie sociale, à la démission de l'autorité de l'Etat. L'Histoire souligne avec insistance que toutes les décadences ont commencé par cette anémie irréversible que l'on appelle l'« irresponsabilité » des élites. Amollis, les responsables reculent à chaque sommation de l'adversaire de l'Etat, et ils culbutent rapidement dans les douves de la forteresse assiégée. Il est indéniable que plusieurs grands corps de nos Etats libéraux nous causent des soucis, à cause de leur perte progressive de la notion de responsabilité et de rigueur.

La guerre, cette vieille compagne de l'espèce humaine, n'a jamais vraiment cessé de nous guetter, du fond de ses silos de missiles. Nous avons dépassé de dix ans le délai de grâce qui sépare généralement les grands conflits planétaires. La Seconde Guerre mondiale qui débuta en 1939, suivit à vingt et une années de distance l'Armistice de la Première Guerre mondiale. Depuis 1967, notre monde est donc mûr pour une troisième guerre mondiale. Ce n'est pas parce que les occasions vraisemblables de déclencher cette guerre ne se sont pas encore présentées de manière irrésistible, que nous devons nous laisser endormir.

A trois reprises au moins, nous avons failli plonger de nouveau dans le chaos : au moment de la guerre de Corée, plus tard lorsque les Russes installèrent leurs missiles à ogive atomique sur le sol de Cuba, face aux Etats-Unis, et lors de la guerre du Kippour quand les Russes envisagèrent de transporter des troupes de l'armée soviétique au Moyen-Orient, afin de protéger leur accès au canal de Suez, et plus loin à l'Océan Indien. A dire vrai, on ne sait pas encore exactement à la faveur de quelle bienveillante opportunité, le mécanisme de déclenchement du feu balistico-atomique fut bloqué. Qui furent les réels archanges de la paix, au bon moment : Eisenhower, Truman, Kennedy, de Gaulle, Khrouchtchev, Kossyguine ? L'Histoire tait encore ce secret.

Mais, tout peut survenir, un jour où lassés des manœuvres d'intimidation des blindés russes, les Chinois lâcheront un de leurs missiles à moyenne portée sur Omsk, à moins que ce ne soit sur Novossibirsk ou sur Vladivostok. Une erreur de calcul, telle que celle d'un maréchal soviétique donnant le feu vert à la promenade de ses trente mille chars à travers l'Allemagne Fédérale et la France, en direction de Bordeaux, risque d'activer soudain les mégatonnes. A défaut d'oser tourner la clé libérant les missiles du Plateau d'Albion et des silos américains, on croira peut-être bon de faire tonner les bombes à neutrons. Sûrs du bon droit des peuples envahis, qui pilonnent leur propre territoire, où l'envahisseur dispose ses troupes d'assaut.

C'est donc aussi cela notre Monde : une association des antagonismes. Un équilibre de la terreur, comme disent les spécialistes de la guerre, qui s'intitulent volontiers « polémologues ». Ce Monde ne me rebute pas plus qu'il me fascine. Je le vois à peu près tel qu'il est. C'est un Monde dur, mais pas plus dur que l'était le Monde de mon enfance pour les petits métayers du Bourbonnais. Un Monde injuste, mais guère plus injuste que celui d'avant le Front Populaire de 1936. Un Monde souvent illogique, ainsi que le sont depuis toujours les sociétés humaines, y compris les familles. Un Monde qui gémit, et rêve aux bonnes fées. Mais l'humanité a-t-elle jamais cessé de gémir et de rêver ?

En fait, ce Monde est profondément humain, en ce sens qu'il porte en lui les défauts et les qualités de notre espèce, et de nos individualités. Ce n'est pas parce que le diagnostic de la maladie de ce Monde nous épouvante, que nous devons détourner nos yeux, et penser à autre chose. Pour tout dire, je pense que le mieux que je puisse faire désormais, sur le plan civique, est d'apporter mon concours aux initiatives politiques de la démocratie, épisodiquement, lorsque des crises surgissent et menacent le fragile équilibre de notre société.

L'essentiel de notre destin me semble dépendre de notre attitude morale, de notre rigueur d'êtres de foi,. convaincus que le premier de nos devoirs envers les autres est de les aimer, de les comprendre, de les aider et de les consoler. C'est tout le contraire de la désespérance. Mais y a-t-il vraiment de la désespérance autour de nous ? Je ne le crois pas. C'est de l'insouciance, de l'égoïsme. Le mal n'est pas collectif, social ; il est individuel. Pas d'épidémie, seulement des cas individuels pathologiques. Mais tout de même des cas qui concernent des multitudes et des multitudes d'individus. Dire que l'homme occidental ne distingue plus de signification à sa vie, ainsi que le prétend Jacques Ellul, est exagéré.

La vérité est que la machine apporte à l'homme de notre époque un redoutable multiplicateur de puissance et d'orgueil. Exemple : l'automobile qui libère des flots d'agressivité et de folie meurtrière, chaque fin de semaine. L'homme de la machine est tenté de devenir luciférien au carré. Oublie-t-il son destin ? A-t-il cessé de s'interroger sur le sens de ce destin ? N'entend-il plus le langage de Dieu ? Franchement, je crois que l'homme de ce temps accepte d'être absorbé par son univers de techniques, et par ses aspirations insatiables au confort. Mais il reste à l'écoute des murmures. Murmure de sa conscience, murmure de son cœur. Et surtout murmure de Dieu.

Il n'y a pas actuellement de silence de Dieu. Au contraire, on n'a jamais autant lu d'ouvrages traitant de l'inquiétude métaphysique de l'homme et de la recherche de Dieu, qu'aujourd'hui. Un évêque français, espagnol ou hollandais ne peut éternuer, sans qu'aussitôt les médias s'intéressent à cet évêque. Il faut entendre Georges Marchais ou Gremetz parler des réunions épiscopales, pour apprécier l'énorme importance des faits et gestes de telle ou telle église, à propos de Dieu. Il me semble même que Dieu est en train de signifier assez fortement qu'il regarde ce que nous faisons, et que nous n'avons pas à nous gêner, pour le cas où nous aurions quelque chose à lui dire.

Je constate avec une émotion intense que nous voici, au contraire, à l'aube d'une période de foi religieuse, qui sera d'autant plus belle et plus fervente, que nous l'abordons avec une lucidité sans précédent. Je ne suis pas sûr que le bas Moyen Age, qui annonçait le prodigieux élan de foi des bâtisseurs de cathédrales, ait favorisé tant de lucidité religieuse que notre époque le fait en ce moment.

Nous entendons parler de Dieu, avec virilité, et non de la manière puérile de l'homme-enfant venant humblement s'humilier dans la pénombre d'une église ou d'un temple. Nous parlons d'homme à homme. De créature à créateur. De fils à père, mais de fils majeur et responsable, à son père.

Le changement, il existe bien dans la nature des rapports des croyants avec Dieu. Et cela, c'est Jésus-Christ qui nous l'a appris. Nous apercevons un Monde de piété disponible, et qui ne demande qu'à être réanimée, après une longue période d'hibernation. Ne nous laissons pas impressionner par la pâleur cadavérique de ce Monde malade, La médecine de réanimation est devenue prépondérante, en ce temps de la civilisation de l'accident. Astérix comptait sur sa potion magique, pour réussir l'impossible. Nous aussi, croyants, nous détenons la potion magique qui ressuscite et donne des forces au plus exsangue d'entre nous. C'est l'amour. Amour de Dieu et amour des hommes.

Notre Monde n'a de chances de devenir humain que si l'on réussit à y réhabiliter l'amour des autres êtres, le sens de la fraternité des enfants de Dieu. Non, ce n'est pas du préchi-précha : seulement l'évidence d'observations que chacun peut réaliser, en regardant autour de soi.

CHAPITRE IX

Foi religieuse et communisme

Me voici donc arrivé aux deux tiers de ma vie d'adulte. Le premier tiers, je l'ai passé sous l'emblème du communisme. Voilà vingt ans que j'ai résilié mon engagement communiste ; depuis cette rupture, je cherche à savoir quel est le sens de mon destin d'être humain. C'est ainsi que je suis devenu croyant. Je crois en Dieu. Dans le Dieu de la Bible et des Evangiles.

Quiconque se trouve, un jour ou l'autre, en relation avec Dieu, ne serait-ce que fortuitement, ou même accorde épisodiquement une nuance de spiritualité à son existence, se sent tout autant que moi une créature de Dieu.

Né dans un milieu catholique, et baptisé dans la religion catholique, il était naturel que mes recherches soient influencées par les enseignements de cette religion. J'aurais sans doute éprouvé tout autant de joie et de sérénité, en devenant israélite ou musulman. Mais, l'enchaînement d'événements divers m'a conduit à découvrir le Christ. Je ne suis encore qu'au début de cette découverte, ce qui explique nombre de mes hésitations. Comme tous les néophytes, j'éprouve souvent un découragement d'avoir à me juger faible. Il m'est difficile de me conformer à une morale rigoureuse, de devenir irréprochable.

Mon itinéraire religieux est pour moi source d'enchantement et de confiance. Je ne saurais en dire autant de mon raisonnement politique. Je l'ai indiqué précédemment : je ne crois pas aux systèmes philosophico-politiques qui se réfèrent constamment aux grands ancêtres, quand il s'agit de piloter le bonheur des sociétés. Tout change sans cesse, y compris la conception du bonheur, tant du bonheur individuel que du bonheur collectif. Alors, les recettes, les principes, les conseils par-delà les siècles, cela me semble exagérément prétentieux.

Le colossal problème du temps à venir sera celui de la justice sociale, c'est-à-dire de l'élimination totale de la pauvreté. Si notre civilisation ne résout pas ce problème, elle capotera. Ce sera l'accident mortel. Cette conviction me relie à mon passé communiste. A cette époque-là, aussi, mon mobile fondamental de militant était la défense des pauvres, contre l'injustice sociale. Je savais assez bien ce qu'il en était au juste, de cette pauvreté, puisque la mort de mon père nous avait précipités dans la pauvreté.

Je constate que mes enfants, pourtant élevés dans une relative aisance, se préoccupent à leur tour de justice sociale. Ils le font, comme le veut leur âge. Les voici séduits par les promesses mythiques de la Révolution. Une révolution qu'ils voient comme une sorte d'accouchement. Du sang, certes ; mais après, la vie s'épanouit. Je croyais cela moi aussi. Tous les communistes du monde croient cela. C'est tout de même étonnant que ce vieux mythe de la révolution-parturiente continue à refleurir, à chaque génération, alors que l'Histoire lui casse régulièrement les reins.

La défense des pauvres, contre l'injustice de la société, mobilise progressivement des forces considérables. A cause même de son caractère de production de plus en plus intense, notre civilisation est conduite à avantager ceux qui inventent, ceux qui dirigent la technique, ceux qui gèrent des ensembles gigantesques. Résultat : un écart affligeant entre des niveaux de vie qui n'ont jamais été aussi disproportionnés.

On ne saurait se contenter, dans ces conditions, de l'attribution à la petite semaine de secours aux pauvres. L'idée que tout l'ensemble de la société est impliqué dans l'injustice dont souffrent les pauvres est conquérante. On a envie, non pas de resserrer quelques boulons, mais carrément de changer de modèle de société. C'est là que joue à plein la séduction communiste, avec sa stratégie du renouvellement intégral, sa science marxiste de l'économie, et ses recettes léninistes du pouvoir politique.

D'où ces tentations lancinantes de nombreux chrétiens lassés du « coup par coup » de la charité dominicale, et de l'inefficacité des encycliques papales. Les pieds dans leur chrétienté, vivant ardemment leur amour du Christ et des autres hommes ; ces chrétiens ouvrent leurs oreilles, puis leur cœur aux esquisses communistes d'une humanité fraternelle, qui serait débarrassée des empoisonnements de l'argent. Dans l'immédiat, ces chrétiens ardents se pressent aux portes des sections du parti socialiste français ; et plus généralement à l'échelle mondiale, ils se font militants de la société socialiste.

Mais, demain, dans dix ou vingt ans, ces hommes et ces femmes se lasseront sûrement de la fatale impuissance des partis socialistes, que ligotera le libéralisme démocratique, auquel sont attachés tous les socialistes non léninistes. Alors, que se passera-t-il ? Sera-ce la ruée vers les cellules communistes ? Si, au lendemain d'échecs révélant l'inaptitude définitive à régler la question de la pauvreté par des voies démocratiques, les chrétiens écœurés apportaient leur foi et leur ardeur au communisme, ce serait alors l'avancée irrésistible vers un Monde ayant effectivement « changé de bases ». Non pas un Monde inconnu, puisqu'il est là sous nos yeux, à l'Est du continent européen.

On peut évidemment faire le choix de ce système de l'Est européen. Je l'ai fait moi-même, voilà vingt ans. Je m'en suis bien trouvé, pendant vingt ans. Jusqu'en 1958-1959, quand j'ai peu à peu exhumé la réalité de la société soviétique.

Il m'arrive quelquefois de risquer des comparaisons entre ma foi d'hier et ma foi d'aujourd'hui, entre mes certitudes d'hier et mes certitudes d'aujourd'hui, entre mes déconvenues d'hier et mes déconvenues d'aujourd'hui. Un exercice assez enrichissant.

Le communisme aura-t-il été utile, finalement, dans la perspective de la charité chrétienne ?

N'aura-t-il pas joué, même éventuellement contre son gré, le rôle d'un inlassable sonneur de tocsin, puis d'un commando soucieux de toujours patrouiller aux avant-postes ?

Pour répondre clairement à cette question essentielle, je dois m'interpeller moi-même. Le chrétien Lucien Barnier de 1978 interviewe le communiste Lucien Barnier de 1956. Je choisis l'année 1956, car elle est celle où je me suis senti le plus ardemment lié au parti communiste français. C'était l'année de la terrible solitude des communistes européens, qui recevaient le pire déluge de mauvaises nouvelles : les capitales des pays socialistes se soulevaient les unes après les autres. Pour terminer l'année, ce fut le drame de Budapest. Eh bien ! comme la plupart des intellectuels du parti communiste, cette année funeste me renforça dans mes convictions.

Pourquoi ? interroge le chrétien Lucien Barnier. Pour deux raisons : la première raison était que je me sentais intimement convaincu de détenir la vérité. Vérité de notre jugement sur le monde capitaliste agonisant. Vérité de notre aptitude exceptionnelle à construire un monde logique et capable d'affronter l'érosion de l'éternité. Vérité de notre pureté révolutionnaire.

La deuxième raison de ma foi de 1956, c'est que j'éprouvais jusqu'au fond de mon être la sensation d'appartenir à une armée encerclée momentanément, qui allait peut-être devoir faire retraite. Et que j'avais une envie acharnée de me battre. Nous étions soutenus par l'idée infiniment réconfortante de l'aube qui allait se lever le lendemain. Peut-être en décembre 1956 ou en janvier 1957. En tous les cas, cela ne pouvait guère traîner davantage. Oui, nous espérions fermement dans ces fameux « lendemains qui chantent ».

Tiens, Lucien Barnier-chrétien, je vais te raconter l'assaut contre *l'Humanité.* Nous apprenons, le soir, vers les 19 ou 20 heures, que des jeunes ont mis le feu au « Quarante-quatre », c'est-à-dire au siège du parti communiste, qui était alors au numéro 44, de la rue Le Peletier.

Alarme générale, par l'interphone du journal. Nous défendrons *l'Humanité* coûte que coûte. Mon bureau de la rubrique culturelle donne sur le boulevard Poissonnière. A cette heure-ci, nous ne sommes que quatre de la rubrique ; encore l'un de ces quatre se sent-il une folle envie de partir. Il me dit carrément qu'il a peur. Il part, et ne revient jamais plus. Le lâche, pur et simple. Ce qui ne l'a pas empêché, ensuite, de jouer les fiers-à-bras, et sa militante d'épouse de claironner son féminisme militant à toutes les tribunes.

Le feu a été allumé au quatrième étage, juste au-dessus de l'étage de la direction de *l'Humanité.* Et nous sommes cernés. On défonce déjà la porte principale du boulevard Poissonnière. Nous lançons des blocs de plomb apportés du « marbre » de l'imprimerie. Mais les assaillants se protègent avec des couvercles de poubelles, en guise de boucliers. Alors, la décision est prise de déverser des bouteilles d'acide sulfurique. Des cris de douleur effrayants montent du boulevard. Ordre de décrochage, nos agresseurs s'en vont. Leurs blessés sont innombrables. Nous avons défendu le journal à un contre vingt. Je n'ai pas le souvenir que notre rédacteur en chef d'alors : André Stil, fût parmi nous ce soir-là.

Tu vois donc, Lucien Barnier-chrétien, que ton benjamin communiste croyait dur comme fer (j'allais dire de toute son âme) à la vertu du communisme, et que rien n'altérait sa foi. Varsovie frondait, Berlin allumait des incendies, Budapest se révoltait, Paris se déchaînait contre nous. Je me trouvais bien, sur ce tout petit îlot communiste, qui allait se réduire de jour en jour.

Ma foi aurait duré des années et des années encore, s'il n'y avait pas eu cette douloureuse révélation de la réalité soviétique. Voilà exactement la vérité, Lucien Barnier-chrétien. Permets-moi de te poser maintenant une question, Lucien Barnier-chrétien : Si je n'avais jamais été mis sur la voie qui conduit à Dieu, si j'étais resté communiste toute ma vie, crois-tu aujourd'hui que Dieu m'en aurait tenu rigueur ?

— Passionnante, ta question. Connaissant ta sincérité, dans ta bataille de cette époque : la sincérité des autres militants communistes, je suis certain que Dieu t'aurait regardé comme un de ses enfants particulièrement aimés.

— Est-ce à dire que tu considères, encore aujourd'hui, les communistes comme des enfants de Dieu, quelque peu privilégiés, et qu'un chrétien devrait admirer ?

— Le militant communiste sincère, qui se donne, corps et âme, à la défense des pauvres, et qui subordonne son confort, ses intérêts personnels, à l'action pour sa société idéale, est incontestablement un être estimable. Un être de valeur. Un homme qui, sans le savoir, peut-être, obéit à quelques-uns des enseignements du Christ. Au jour de sa mort, je ne crois pas que cet homme-là soit regardé de travers par le Créateur.

Attention, je ne suis pas en train de réclamer pour les partis communistes la qualité de détachements avancés de la communauté chrétienne. Les communistes, en tant qu'êtres humains, sont comme nous tous, plus ou moins bons, plus ou moins généreux. Ils sont cependant, en moyenne, moins indifférents aux malheurs matériels de l'homme, que leurs semblables non-communistes. Leur générosité, vertu chrétienne, mérite donc d'être comptabilisée à leur actif.

Toutefois, le militantisme communiste n'est pas constitué exclusivement de générosité ; il comporte un redoutable mélange d'orgueil, de brutalité, d'intolérance, qui porte un chrétien à refuser la solution communiste, en tant que méthode de gouvernement.

A mon tour, Lucien Barnier-communiste, de te demander à quelle sorte de société tu rêvais, lorsque tu militais au parti, pendant les années 1950-1955 ? Je choisis ces années, car elles étaient celles où tu appartenais à l'appareil semi-clandestin du parti communiste français.

— Aucune difficulté, pour te répondre. Je pensais à la société définie par Staline ; celle qui était venue à bout de la misère paysanne russe, des révoltes nationalistes des Ukrainiens, des Arméniens. La société qui avait écrasé les armées allemandes à Stalingrad et à Léningrad, et qui avait envoyé son armée jusqu'au cœur de Berlin. La société qui faisait de la Russie arriérée un grand pays moderne, avec les attributs civils et militaires de la puissance. Je me sentais vraiment stalinien. Staline était, à mes yeux, un chef, un penseur, un savant jamais pris de court, un stratège hors pair, un doctrinaire politique sans égal, dans toute notre Histoire révolutionnaire.

Je vais te dire que le soir où j'ai appris la mort de Staline, dans le « Vél d'Hiv », où Jacques Duclos éclatait en sanglots, je me suis mis à chialer, comme un enfant qui a tout perdu. Et nous étions des milliers et des milliers d'adultes qui ne retenions pas nos larmes ce soir-là.

Pour répondre nettement à ta question, je rêvais d'une société « sans classes », c'est-à-dire sommairement : une société fraternelle, où tout le monde serait au départ crédité des mêmes possibilités, des mêmes chances. Ton père était riche, ton père était pauvre : plus de différences. Vous ferez les mêmes études, et vous aurez les mêmes droits aux mêmes situations sociales et professionnelles. N'est-ce pas beau, cela ? De plus, je souhaitais que cette société soit paternellement tenue en main. Non pas par un homme, car les hommes sont évidemment mortels et faillibles ; ils passent. Non, tenue en main par le parti, qui lui est éternel. Il renaît, à chaque génération. Enrichi, adorné, éclairé.

De cette société, je tirais à la fois de la fierté et de la puissance, puisque j'étais l'un de ces soldats. Elle me couvait. Elle me préservait. Je m'y sentais donc bien.

— Et, un jour, Lucien Barnier-communiste, cette société t'a rejeté, ou tu l'as rejetée. Si tu n'avais pas ressenti si douloureusement la déception soviétique, ne serais-tu pas parvenu, par le seul raisonnement, à la même déconvenue ? Pourquoi les intellectuels des années 1945-1960 ont-ils toléré tant de désillusions, tant de rebuffades, tant de démentis ? Pourquoi es-tu resté communiste si longtemps ?

— Je viens de te dire que je me trouvais bien dans cette société, parce qu'elle était organisée, puissante, prometteuse, fascinante. La société communiste a, elle aussi, sa liturgie, sa pompe, ses cortèges rutilants, ses drapeaux émouvants, ses meetings orchestrés. On y vit, on s'y habitue. On s'en passe difficilement. Au bout d'un certain temps, on fait partie de ce nouveau monde. Plus l'adversaire attaque ce monde, plus celui-ci nous devient cher. Plus on a envie de s'y dissoudre.

Et cela dure, jusqu'au jour où quelque chose attire l'attention : un cliquetis, un boulon mal vissé, une roue qui est voilée, un militant qui abuse de son autorité, un responsable qui confisque le parti à son profit. Ce jour-là, c'est la chute libre. Tout s'écroule. Et un flot de sanies vous submerge. On avait cru que les attaques contre le parti, les calomnies comme dit *l'Humanité,* tout cela avait été aussitôt oublié. Non, ces critiques, plus ou moins honnêtes et fondées, vous saisissent à la gorge. Les yeux deviennent clairvoyants.

La réalité surgit : le parti prend l'allure d'une entreprise, avec ses patrons, ses fonctionnaires, ses tâcherons, son service de sécurité, ses usines, ses magasins, ses hôtels, ses banques, ses garages, sa police.

Ni pire ni meilleur que le sont les autres organismes politiques du système libéral qui tolère tout. Ni meilleur : c'est bien ce qui nous détruit. Car tout de même, on s'est donné un mal de chien, justement parce que c'était le meilleur parti, le premier, le nôtre. « Un parti pas comme les autres. »

C'est à ce moment-là que se situe la grande métamorphose du « démissionnaire ». Pendant quelques mois, une année même, il se sent mal à l'aise.

La maladie du « libérable », qui a toujours dans l'oreille les sonneries de clairons du régiment. Il n'arrête pas de parler de son « temps du service militaire ». Le démissionnaire du parti communiste se tourne maladivement vers son « temps de service politique ». Ensuite, vient l'époque de la rupture du cordon ombilical. On ose critiquer, porter la main sur le parti. Le voir tel qu'il est. Rompre avec son propre passé, ses illusions ? Réexaminer ses aversions, ses inimitiés. Et recevoir les premières injures des anciens camarades.

— Tu vois donc, Lucien Barnier-chrétien, que finalement le parti communiste, au contraire de la communauté chrétienne, n'est nullement généreux, et encore moins tolérant. Ou tu marches au pas ou tu sors des rangs. En Espagne, du temps de Franco, on pouvait lire au fronton de la prison *Carcel Modelo* de Barcelone, cette devise : « Ici, c'est l'ordre d'une banque, la propreté d'un hôpital, et le silence d'un couvent. » Au frontispice du siège central du parti communiste, on pourrait très bien inscrire : « Ici, c'est la discipline du régiment, la fidélité à la vie à la mort » (*ce perinde ac cadaver* de saint Ignace de Loyola) envers le marxisme-léninisme, l'abandon de toute critique qui serait contraire à « l'esprit de parti ».

Bref, il me semble, que, dans l'arène politique, le parti communiste a une manière singulière de jouer le jeu. Persuadé de détenir seul les recettes qui conviennent à un bonheur des hommes, dont il possède seul la bonne définition, il consent à se faire aider à la prise du pouvoir par les non-communistes Pierre ou Paul. Mais que Pierre et Paul ne songent jamais à détenir une éventuelle autorité au gouvernement issu de la prise du pouvoir. Ces deux auxiliaires n'accéderont jamais à la consécration.

Les méchancetés proférées à l'égard de Soarès par Cunhal, ou à l'égard de Mitterrand par Marchais ne résultent pas de la cruauté qui serait particulière à l'un ou à l'autre de ces responsables de partis communistes. Elles font partie de l'action politique du parti communiste de n'importe quel pays, si ce parti se conforme au modèle standard du léninisme. Le stratège communiste aime « à porter le fer dans la plaie ». Il a ainsi le sentiment de fortifier son parti. Plus il charcute, meilleure est l'impression qu'il fait sur ses « compagnons de la direction ». Charles Tillon a bien raconté les instants effroyables de son procès, dans le cadre du siège du comité central du parti communiste. Il fallait tout de même des assauts d'une rare violence pour briser temporairement des vieux briscards de la trempe de Tillon, l'organisateur des unités militaires du parti (Francs-Tireurs et Partisans : E.T.P.), ou d'André Marty, l'officier de marine qui avait pris le parti des bolcheviks, durant les mutineries de la mer Noire, en 1917.

« Lucien Barnier-chrétien, ne te laisses-tu pas quelque peu prendre par le dépit d'avoir dû quitter, un triste jour, ce monde de ta jeunesse, où tu as tout de même nourri tant de rêves ?

— Je ne saurais jurer cela. C'est le sort de dizaines de milliers d'hommes et de femmes qui ont constaté et vécu le pire désenchantement de leur existence. Mais, il ne s'agit pas tellement d'une nostalgie qui voudrait perpétuer les rêves d'un bon moment de l'existence. Cette expérience nous autorise aujourd'hui à regarder d'un œil, sinon neutre, mais en tout cas expert, les pulsations diverses des grands corps politiques de l'Occident. »

Le parti communiste français, comme le parti communiste portugais sont dans l'incapacité de rompre avec leurs longues traditions d'autoritarisme et de brutalité politique. Pour le parti français, l'explication est assez simple : il a été fondé par des intellectuels qui ont mis d'autant plus de hargne et d'exagération à devenir des émules des bolcheviks russes, qu'ils étaient eux-mêmes des hommes cultivés et aisés. Au fil des années, le vocabulaire et le comportement ont constamment amplifié l'étrange phénomène de durcissement des cœurs communistes et de l'automatisme du langage.

A quelques exceptions près, notamment celle de Gabriel Péri et de Pierre Courtade, les divers responsables de la propagande et des journaux du parti ont mis un point d'honneur à n'utiliser que des formules passe-partout du genre « classe contre classe », « pour une France libre, forte et heureuse », « pour le pain, la paix et la liberté », « le peuple de France ne fera pas, il ne fera jamais la guerre à l'Union soviétique », « pour un bon programme commun réactualisé ». Une manie des slogans qui s'inspire en les caricaturant des litanies de la liturgie catholique.

Le plus grave, c'est que le parti communiste ne traite pas ses militants comme des adultes, mais comme des enfants à qui le rabâchage tient lieu des explications qui feraient appel à l'intelligence des faits.

Je ne voudrais pas, Lucien Barnier-chrétien, que tu juges aujourd'hui, que je n'aie retenu de ma vie militante communiste que ces éléments négatifs de petite taille. Ce ne sont là que de menus détails, guère plus importants que ceux qui modifient subtilement notre visage, nous créant, tour à tour, une mauvaise mine, ou un air de bonne santé.

Bien plus que la courbe quotidienne de la santé du communisme, ce qui nous intéresse essentiellement, au moment présent de l'évolution de notre civilisation, c'est de savoir si, oui ou non, le communisme a quelques chances d'être un jour ce qu'il ambitionne.

Si ses recettes politiques et économiques sont susceptibles d'améliorer le sort des multitudes humaines, plus qu'y parviendraient d'autres gestionnaires de notre société, recourant à des analyses économiques différentes, et appliquant d'autres méthodes de gestion gouvernementale. En clair, il s'agit de déterminer si le communisme est la seule force politique qui ait la vocation de conduire naturellement notre société vers le futur que décrivent ses affiches de propagande : un futur humain, logique, fraternel, juste, garantissant à tous « du pain et des roses ».

L'expérience que j'ai du communisme, de la mentalité communiste, et l'analyse quotidienne de la stratégie et de la tactique communistes, m'aident à répondre à ces questions. J'aurais été incapable de proposer, même un élément de réponse, voilà seulement trois ans, car j'étais encore sous le coup du ressentiment. Aujourd'hui, je me sens assez objectif, assez détaché de mon amertume passionnelle, assez convaincu de ma nouvelle qualité de tolérance chrétienne, pour risquer une appréciation équitable de l'aptitude du communisme à gérer le destin de notre civilisation.

Avant d'entrer dans le détail des possibilités économiques et politiques du communisme, je dois me débarrasser d'une question première : celle du bonheur de l'être humain. Ce bonheur est fait de plusieurs composantes : le bonheur matériel, le bonheur culturel, et le bonheur de l'âme.

Sans avancer trop loin, rappelons que le bonheur matériel existe dès lors que l'être humain dispose du nécessaire, et s'accorde un supplément de confort, de loisirs et d'assurances quant à l'avenir prévisible de sa famille et de lui-même. Le bonheur matériel est donc affaire de biens matériels qui mettent à l'abri du besoin, et facilitent même l'acquisition d'un superflu raisonnable.

Le bonheur culturel nous hisse au niveau du dialogue intelligent avec le beau, le sublime parfois, qu'il s'agisse de la création naturelle, ou de la création des esprits humains les plus doués. Ce bonheur-là est le fruit de la culture, c'est-à-dire de l'éducation scolaire et universitaire, puis de l'expérience personnelle qui est presque toujours coûteuse et longue. Au commencement du bonheur culturel, il y a forcément une prédisposition génétique, une tournure congénitale de l'intelligence : ce que l'on appelle de la froide expression de « quotient intellectuel ».

Comme on le comprend d'emblée, le bonheur de l'âme est affaire de foi religieuse, de relation entre soi-même et la Création. Exceptionnellement, pour quelques privilégiés, de relation avec Dieu. Au début, presque toujours un simple pari, la foi religieuse s'enrichit progressivement d'émotions, d'espoirs. d'amour. Elle devient éclairante, raisonnable, irrésistible. C'est elle qui nous rend disponible pour le dialogue avec autrui, quelle que soit l'identité de notre interlocuteur. Fût-il un ennemi.

Lorsqu'on regarde donc ce qui fait ces trois sortes de bonheurs individuels, on s'aperçoit que l'assistance humaine de caractère économique ne peut intervenir que sur le bonheur matériel, à peu près totalement. Et très partiellement sur le bonheur culturel. Pas du tout sur le bonheur de l'âme. Seul, le bonheur matériel s'exprime en termes de budget : tant pour vivre, tant pour se soigner, tant pour assurer sa vieillesse, tant pour ses loisirs. Le tout sera assorti d'un coefficient personnel de bonne santé, d'inclination pour telle ou telle forme de loisirs : bricolage, lecture, voyages, etc. Un gouvernement prévoira aisément un tel budget. Plus ou moins largement, cela va sans dire. Il est certain que ce budget de bonheur matériel est, en moyenne, plus substantiel dans l'Occident capitaliste libéral, que dans les pays communistes de l'Est européen. Plus significatif encore : l'accroissement de ce budget « bonheur matériel » est nettement plus important en Occident que dans les pays à direction communiste. Cela est un fait évident, que confirme la seule lecture des budgets et lois de finances de ces pays respectifs. Même en tenant compte de l'inflation et du chômage, on ne saurait contester que, sous la pression syndicale, parfaitement opportune en ce cas, il y ait lutte pied à pied, en faveur des plus déshérités, et par conséquent souci légitime de leur bonheur matériel.

Quand je dis que l'assistance économique n'épaule que partiellement le bonheur culturel, c'est parce que ce bonheur-là dépend beaucoup plus de la conception individuelle du beau et de l'émouvant, que de l'idée qui nous en a été fournie par l'éducation. La société occidentale diffuse largement l'enseignement scolaire, la tradition du voyage des jeunes ne cesse de progresser d'année en année, le cinéma, la télévision et le livre incitent quotidiennement au goût et à l'effort de la découverte d'autres horizons sans cesse renouvelés. On peut estimer, aujourd'hui, que quiconque désire explorer telle ou telle voie de la connaissance en acquiert assez aisément les possibilités. Ne serait-ce qu'à force de volonté et de travail personnel. Il n'est donc pas indispensable de mettre nos pays à feu et à sang, pour aboutir finalement à une société morose, où les peintres excentriques (au sens propre du terme), doivent exposer dans les terrains vagues, en bordure des grandes villes, ainsi que cela se fait à Moscou, depuis quelques années.

Certes, il y a lieu de reprocher au système capitaliste libéral de ne voir que de très loin les soucis individuels du bonheur matériel, en particulier les soucis de bonheur matériel de ceux qui ne participent pas directement à la production : les gens âgés, les malades, les handicapés de toutes sortes. Là, incontestablement, la « pression » de la seule charité chrétienne ne suffit pas à faire passer au premier plan la juste compréhension de la situation, et la décision de corriger l'injustice. Cette pression n'a pas été suffisante dans le passé. D'où le rôle décisif de la pression plus brutale, plus soutenue aussi, de l'action syndicale.

Que le parti communiste, dans les pays capitalistes, se soit saisi du levier de la revendication matérielle, il me semble que ce fut un événement heureux. Grâce à sa vigilance revendicative, la société s'est trouvée mise en demeure, presque quotidiennement, de s'occuper de ses pauvres. Lorsque le syndicalisme non marxiste est devenu majeur, capable de mettre sur pied de grandes organisations, comme c'est le cas de la C.F.D.T. ou de Force ouvrière, en France, il s'est appliqué, de semblable manière, à ne jamais laisser s'installer l'injustice. A tel point que, désormais, aucun parti politique ne saurait omettre de constituer son antenne qui le renseignera sur le « climat social ».

La notion du « climat social » est devenue primordiale, dans les pays capitalistes libéraux. Malheureusement, elle n'existe pas dans les pays communistes, en tant que considération politique du gouvernement. Quand explose le mécontentement ouvrier ou paysan, la réplique est confiée aux chars, ou aux gardes armés. Ces expéditions punitives, parfois extrêmement meurtrières, font aussi partie du paysage communiste. Il serait trop facile de les répudier, le temps qu'on les oublie, tout en y restant attaché comme méthode de gouvernement. La preuve qu'il n'est pas aisé de se débarrasser de telles méthodes, c'est que l'Union soviétique y reste obstinément fidèle, depuis soixante ans. Il a suffi d'un rien pour que le parti communiste portugais y recoure.

Rien de plus pointilleux que l'esprit des assiégés ; et Dieu sait si les communistes mettent de l'acharnement à se croire assiégés. Il n'est que de lire la presse communiste, chaque jour, pour découvrir, toujours étonné, les hypertrophies des faits et des critiques. Que les feuilles tombent, en automne, quinze jours avant l'époque présumée, on est à peu près sûr que *l'Humanité* y découvrira une tare et une responsabilité du capitalisme. Ce pourrait être une puérilité, un jeu agaçant, un tic héréditaire, ou une malice humoristique : non c'est une attitude tactique. Comme si le lecteur de *l'Humanité* n'avait à sa disposition que cette seule source d'information. Si *l'Humanité* perd tant de lecteurs, d'année en année, c'est essentiellement parce qu'on ne peut décemment croire en ses exagérations. On ne saurait condamner son public à une guerre psychologique qui n'en finirait jamais, et obligerait à lancer éternellement les mêmes vagues de sophismes. La scolarité à seize ans, les images sur le vif de la télévision : c'est cela l'adversaire numéro un du communisme. Rappelons-nous, ce pauvre film aux images tremblotantes, qui nous montraient des vues d'un camp de concentration, quelque part dans les Etats baltes. Le document fut à ce point poignant et véridique, que les partis communistes de France et d'Italie durent alors se désolidariser du régime pénitentiaire russe.

Le bonheur culturel : est-ce un souci du communisme ? Je me suis longtemps posé cette question. Je crois pouvoir dire qu'il n'existe pas d'être humain qui soit moins heureux qu'un militant communiste intellectuel. Là aussi, c'est la réalité de la vie qui répond. Des rédacteurs de *l'Humanité* des années 1950-1960, de formation intellectuelle, combien ont-ils quitté la vie militante, ou même le parti ? A vue de nez, je dirais que les deux tiers d'entre nous sont partis. La plupart d'entre eux ne s'intéressent plus du tout à l'action politique. Quelques-uns s'en prennent au parti qu'ils accusent de mensonge, de duplicité.

Pourquoi l'intellectuel communiste est-il forcément malheureux ? Tout d'abord, parce qu'il lui faut changer de culture. A quoi lui servirait de rester passionné par Homère, ou par Pline l'Ancien, par Platon, ou par Erasme ? Ce ne sont pas là des hommes de pensée qui aident aussi peu que ce soit « à s'aligner sur les positions de la classe ouvrière ». Révision générale de ce que l'on a appris à aimer : littérature, peinture, musique, histoire, science. La culture ne saurait être en dehors du champ de tir du matérialisme scientifique, ni du matérialisme historique.

Les revues doctrinales du parti ressassent, de mois en mois, ce qu'il faut bien entendre par l'art, la liberté de l'art, les liens entre création et société. On en arrive vite à un point où les pulsations de l'âme, les bruissements de l'esprit, doivent être canalisés vers les filtres du matérialisme. Il faut sans cesse se retenir, se contrôler, se surveiller. Au moins, le fameux Jdanov, maître à penser de la grande période stalinienne des années 1950, avait-il pris la peine de codifier comment il fallait penser et estimer, dans telle ou telle branche de l'activité culturelle. Chaque militant possédait ainsi son vade-mecum auquel il se référait en toutes circonstances. L'Union soviétique a conservé ce code d'appréciation culturelle, même si l'on ne cite plus aujourd'hui le tristement célèbre Jdanov.

On ne voit donc pas de quelle manière le communisme pourrait bien participer au bonheur culturel de chacun. Le goût musical, la joie que procure une peinture, l'intérêt d'un livre, l'enchantement d'un paysage : qui croira que ces sortes de bonheur culturel sont de nature politique ? A moins que l'on veuille exprimer le souci de favoriser l'achat de disques, de livres, de billets de théâtre, ou de voyages. Mais, en ce cas, il s'agit du bonheur matériel que nous évoquions précédemment. Aucune raison de croire que les habitants des pays communistes connaissent mieux que nous les joies d'êtres cultivés, et surtout les joies d'enrichir leur culture. A-t-on jamais croisé des cohortes de cars touristiques russes, polonais ou tchécoslovaques, dans le voisinage de nos hauts-lieux culturels ?

Oui, le bonheur culturel est une affaire personnelle. Heureusement d'ailleurs. Rien ne serait plus triste et plus inhumain que la culture au commandement, la culture inspirée.

Alors, nous arrivons au bonheur spirituel, au bonheur de l'âme. La philosophie fondamentale du communisme : le matérialisme scientifique fait obligation de « nous passer de l'hypothèse de Dieu ». C'est ce que l'on nous apprenait dès l'école élémentaire du parti, dans le fameux petit livre de Politzer. L'interrogation métaphysique ? Le communisme ne la connaît pas. « Plutôt que de nous disputer pour savoir s'il y a un paradis dans le ciel, faisons en sorte que la Terre ne nous soit pas un enfer », aimait à dire Maurice Thorez. Je croyais volontiers en cette sagesse. Hélas ! au moment où Maurice Thorez exhortait ainsi les militants du parti communiste à cesser de se créer des tourments métaphysiques, la terre soviétique était bel et bien un enfer pour des centaines de milliers d'hommes, comme Soljenitsine. Le paradoxal, dans ce drame des prisonniers politiques de l'U.R.S.S., c'est que précisément ces êtres humains ainsi floués et humiliés n'ont pas trouvé d'autres voies de réhabilitation de leur personne humaine que celle qui conduit à Dieu.

Que parfois le communisme nous éperonne dans notre faim de justice sociale : bravo ! Que les partis communistes jouent de temps à autre le rôle de vigiles acharnés à dépister les négriers, je m'en félicite. Ils contribuent de la sorte à nous empêcher de dormir, nous qui nous sommes chargés de la mission de rendre habitable la Maison du Père. Cela implique donc, de temps à autre, que nous fassions un bout de chemin ensemble, que nous cohabitions dans de mêmes cités. Mais en aucun cas, nous ne saurions brouiller nos regards, au point de croire que nous, êtres humains, nous pouvons diriger notre destinée, et découvrir le vrai bonheur, seuls, par nos propres moyens. Sans le secours de Dieu, et même en ignorant Dieu.

Je ne vois pas comment, un même homme, pourrait à la fois se découvrir créature de Dieu, reliée à Dieu, et nourrir en même temps assez d'orgueil pour s'imaginer capable de se satisfaire du bonheur de la plante épanouie, ou du bonheur de l'animal prospère. Ce qui nous distingue et nous sépare finalement de l'homme communiste de bonne volonté, de ce simple militant admirable d'une cellule communiste, c'est que son cœur éperdu de générosité humaine reste incapable de tressaillir d'amour pour son « adversaire de classe ».

Nous n'avons pas d'adversaire de classe, nous qui avons appris du Christ à aimer même ceux qui sont nos bourreaux ? Ces bourreaux, pour lesquels nous demandons pardon à Dieu. Ces bourreaux ne savent pas ce qu'ils font.

Les empires et les rois passent, les victoires succèdent aux défaites, les civilisations périssent, les capitales s'effondrent. Tout ce que construit et imagine notre cerveau humain est périssable. Notre monde est soumis à la loi universelle de la dégradation, de la transformation cyclique, et de l'éphémère. Les montagnes elles-mêmes s'érodent, et finissent par disparaître. Les fleuves comblent leurs propres vallées. Les mers se vident de leurs flots, laissant voir, des millions d'années plus tard, leurs strates de calcaire et de silice.

Sous nos yeux, s'exprime l'atteinte irréversible du temps, ainsi que la furtivité du monde temporel. Nous sommes les fils des créatures encore malhabiles de la Préhistoire, en même temps que les pères de ces êtres qui, demain, porteront peut-être au zénith la connaissance humaine. Avant que, de nouveau, le Temple se disloque. Notre humanité de la fin du XXe siècle, dont nous sommes si fiers en ce moment, n'aura été qu'un clin d'œil dans l'ensemble de l'épopée humaine.

Que restera-t-il de notre orgueilleuse science, dans mille ans d'ici, quand les archéologues d'alors exhumeront quelques vestiges de notre « siècle de l'électronique » ?

Et de notre Histoire, que retrouvera-t-on ? Je parie que les historiens de ce lointain avenir ne seront guère en mesure de distinguer entre ces deux rêveurs de la révolte que furent Spartacus : l'esclave dressé contre les légions romaines, soixante-dix ans avant Jésus-Christ, et Karl Marx qui rédigea deux mille ans plus tard une critique de l'économie capitaliste de la machine à vapeur. Tout cela se brouillera forcément, et n'aura finalement que peu d'intérêt. Brave Spartacus ! Brave Karl Marx !

Comme on dit, la vie continue. Une vie humaine, avec toujours les tourments du cœur, de la foi, de la fidélité, de l'espérance. L'énigme de la mort. L'Angoisse de la destruction métaphysique. Et jusqu'en ces temps du prochain millénaire se seront propagés intacts le message du Mont-Sinaï, les messages d'Abraham, de Jésus-Christ, de Mahomet. On apprendra encore aux enfants de ce trentième siècle que le maître mot est AMOUR, et que la joie de l'être humain est d'être aimé, d'aimer aussi. Du berceau à la tombe.

Et au-delà.

Lucien Barnier
Villers-Agron, hiver 1978.

Table des matières

Cet ouvrage a été imprimé par l'imprimerie Aubin, à Ligugé,
pour le compte de la Librairie Arthème Fayard,
75, rue des Saints-Pères, Paris 6e.

I.S.B.N. 2.213.00380.7

N° édition : 5609 — Dépôt légal : 1er trimestre 1978.
N° d'impression : L 10322

H/35.6167.7